図面でひもとく名建築

五十嵐太郎・菊地尊也・東北大学五十嵐太郎研究室［編著］

丸善出版

まえがき

　本書は、タイトルどおり、「図面でひもとく名建築」の内容になっている。すなわち、平面図や断面図などから、どのような空間なのかを読み取ること。もちろん、写真を見れば雰囲気はわかる。しかし、場面だけから部屋の配置や人の動線にどのような意図を込めたかを知るのは難しい。また立体的な構成、環境への配慮、構造の特徴なども、図面の助けがないと十分には理解できない。実際、図面を読む能力は、雑誌や本に掲載された建築の空間を把握したり、自分で設計し、それを図面で表現するときにも必要な技術だろう。そこで本書では、まず初学者も理解できるように、冒頭である現代住宅の事例をもとに図面表記の基本的なルールと要点を説明した後、66の事例について具体的な読み方を説明する。これらはQ&Aの形式を用い、右ページで図面とともに問いを出し、ページをめくるとその解答と解説を掲載している。したがって、ただ受動的に学ぶのではなく、いったん自分の頭で考えてから、正答を導けるかどうかを確かめるゲーム感覚で読むこともできるだろう。

　事例としては、ル・コルビュジエ、フランク・ロイド・ライトらの近代建築の巨匠から、フランク・ゲーリーやSANAAの現代建築、そして薬師寺東塔やシャルトル大聖堂などの歴史建築まで、66件の名作をとりあげた。幅広いラインナップとしたのは、古建築も現代建築と同様、図面から空間に込めた意図を解読できることを感じとって欲しいからである。

　本書は東北大学五十嵐研究室を中心に執筆し、研究者や建築家にも寄稿していただき、筆者と博士課程の菊地尊也が全体の調整を行った。Q&Aで図面を読むという主旨は、丸善出版の有上希実さんの提案で、編集作業も担当していただいた。ご協力いただいたみなさまに感謝の意を表したい。なお、作題にあたっては、とりあげた建築を知らなくても、図面の情報だけで解読可能なことを問うように心がけた。これは意外に難しい作業で、知っている人はつい図面以外の情報を前提に作題してしまう。推敲を重ねながら、われわれにとっても改めて図面が伝える情報とは何かを再考する契機となった。

2016年5月

五十嵐太郎

目　次

まえがき　　　　　　　　　　　　　　　　　　　　　　　　　iii
平面図を読む　viii　　配置図を読む　x　　立面図を読む　xi
断面図を読む　xii　　実際に建築が建つと　xiii

住宅の図面を読む

1	なぜ壁が曲がっているのか？	1
2	どこまでが自然で、どこからが建築か？	5
3	どこまでが建築で、どこからが自然か？	7
4	北欧の気候に適した建物の配置とは？	9
5	床の裏側に設けられた孔の謎	11
6	透明な空間におけるアクティビティを想像せよ	13
7	二つの住宅モデルの決定的な違いとは？	15
8	生活空間の中心を生み出す工夫は何か？	17
9	大きさはどのくらい？	19
10	描かれた見えがかり線の正体は？	21
11	なぜ壁の厚さが違うのか？	23
12	いかにして都市の喧騒から距離を置くか？	25
13	動線と図式に示された住宅の理念とは何か？	27
14	何のためのスペース？	29
15	寒冷地の高齢者住宅に求められるものは？	31
16	なぜ中庭がいくつもあるのか？	33
17	茶室の平面に施された工夫とは何か？	35

平面図、あるいは配置図を読む

18	神社と街と建築の関係を読み解け	39

19	歴史的環境にモダニズム建築はいかに建てられたか？	41
20	既存の修道院の形式をいかに継承・刷新したか？	43
21	反復している形状はいくつあるか？	45
22	どこまで視線が抜けるか？	49
23	何の記号に似ているか？	51
24	レベル差をもつ空間の連続性を読み取れるか？	53
25	貫通型の通路はいくつある？	55
26	都市の軸性をいかに継承するか？	57
27	箱型の部屋とそれらに囲まれた空間との関係は？	59
28	散らばった無数の点は何か？	61
29	阿弥陀はどの方位にいるのか？	63
30	異なった形の平面をつなぎ合わせたのはなぜか？	65
31	都市の複合建築の中の聖堂はどのように設計されたか？	67
32	バロックの建築家は幾何学をどのように用いたか？	69
33	ジグザグ配置にみる特徴とは何か？	71

断面図から空間を読む

34	機能と形態の意外な組合せとは？	75
35	ステージはどこか？	77
36	反復するかまぼこ屋根の謎	79
37	周辺環境を保ちながら住宅を建てるには？	83
38	凸凹はどんな空間体験を生む？	85
39	仏塔のデザインと空間の特徴とは何か？	87
40	ドームが三重になっているのはなぜか？	89

構造を考える／環境を調整する

41	床の段差はなぜ設けられたのか？	93
42	なぜ三日月がずれているのか？	95
43	なぜ屋根が垂れ下がっているのか？	97
44	柱はいかにして空間のスケールに呼応したか？	99

45	一つの住居に併存する二つの構造の違い	101
46	なぜ最新の美術館に過去の技術が使われたのか？	103
47	軽くて厚い壁に収められているものは何か？	105
48	雁行する屋根の秘密	109
49	風通しのよい建築にするための工夫とは？	111
50	自然のサイクルをいかに利用するか？	113
51	一続きのルーバーの効用とは何か？	115
52	古代の仏堂にみる技術革新とは何か？	117
53	天井を高くすることができたのはなぜか？	119

増改築する

54	ギザギザした屋根の不思議	123
55	なぜ構造が二つあるのか？	127
56	なぜ鉄骨の位置が階ごとに移動しているのか？	129
57	中世仏堂はどのように空間が拡張されたのか？	131

独特の図面表現を知る

58	外構と建築を区別できるか？	135
59	アイレベルの決め手は何か？	137
60	平面図？立面図？それとも断面図？	139
61	建築を用いた作劇法のルールとは？	141
62	螺旋渦巻く曼荼羅図の謎	143

空間の概念／新しい空間

63	住宅の構成を示唆する仮想のレイヤーを読み解け	147
64	それぞれの部屋の床の高さを計算せよ	149
65	壁の位置はどこか？	151
66	屋内初の公開空地になっているのはどこか？	153
67	構造体の違いはどこにあるか？	155

68	なぜ床が起伏しているのか？	157
69	ポコポコしたヴォリュームをいかに利用するか？	159
70	概念図の意味は？	161
71	連続的な動線空間の特徴は何か？	163
72	なぜつながっているのか？	165
73	斜めやカーブに込められた思想とは何か？	167
74	壁のカーブにはどんな意味があるか？	169
75	奇抜にみえるが、実は合理的？	171

事例索引	174
執筆者一覧	176

本書掲載の図版について
　本書掲載の図版（写真および図面等）は、図書資料（書籍・雑誌等）から転載ないし作成の上、設計者、管理者または図書資料該当部著者またはそのご遺族より許諾を得て掲載するものである。参考にした図書資料は原則省略したが、一部は必要に応じて各事例の末尾等に明記している。

平面図を読む

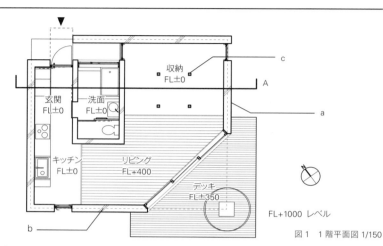

図1　1階平面図 1/150

平面図とは

　各階の床から1.5m程度で切断し、下部を投影した図面。任意の高さで切断してもよい。縮尺を大きくし、納まりのほか、使用材料、製品名、詳細寸法も記入したものを平面詳細図とよぶ。図1のとおり壁などの断面線は太線（a）で書く。鉄筋コンクリート（RC）造では3本斜線（b）で躯体を表し、木造や鉄骨造は柱（c）も記す。吹抜けは一点鎖線を交差（図2d）させ、縮尺が小さい場合は壁を黒く塗りつぶす。

平面図から読み取ること

　動線、採光、通風、建築計画上の関係性、住宅でいうところの間取りを読む。平面形に特別な意味や魅力が与えられていることもある。

　基本は入口から実際の動きに従って平面図内で視点を移動し、目に入るものを想像する。同時に上下階平面図と見比べ、垂直方向のつながりを読む。さらに仕上げを考え、彩りを付加し、イメージを頭に描く。

実例から何を読み取る？

　図面名称は図1も図2も1階の平面図だ。ただし、基準となる床の仕上げ面（FL）からの高さが異なっている。一部2層になっているが、天井高さが低く建築基準法上の階に入れないため、変則的な表示になる。

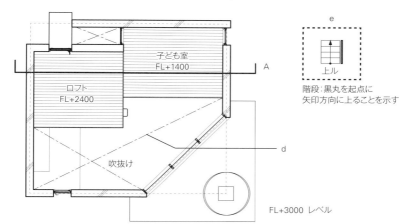

図2 １階平面図 1/150

図1を読む

　図1はFL＋1mで切断された1階平面図。▼で表された玄関から入ると、左側のRCコア内に洗面、トイレ、浴室の水まわり、右手には収納やキッチンがまとめられている。正面はRC壁が途切れ視線と風が抜ける。左に1段（40cm）上がると木床のリビング、三分割された斜めの開口の先に外部デッキと植栽が連続する。配置図（図3）を見ると外部デッキの周りは隣家の空地であり、採光や視線の抜けが期待できる。さらに左に折れると1段下がり、玄関などと同レベルに収納がある。

図2を読む

　図2は図1より2m高い位置で切断されている。収納の上部、リビングから1mの高さに子ども室、その左奥1m高い位置にロフトがある。ロフトに座り斜めの開口に体を向けると、正面にはシンボルツリー、眼下には生活の様子が見える。RCの外壁は独立し、その隙間が窓となり、風を通す。リビング、子ども室、ロフトを仕切る内壁はない。

図1と図2を統合して読む

　収納と子ども室、水まわりとロフト部分は2層になっている。さらに、玄関、台所、リビング、子ども室、ロフトが左回りかつ螺旋状に高低差を伴って配列されていることが読み取れる。また、高低差があるにもかかわらず、図2eで表されるような階段がない。階段や廊下など移動の場を省き、内壁も省くことでローコスト化を試みている。

配置図を読む

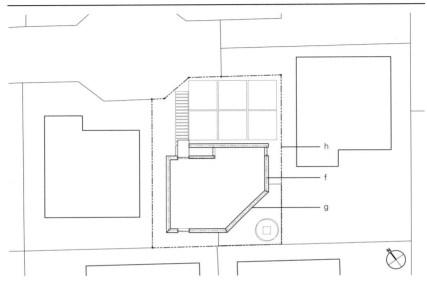

図3　配置図 1/300

配置図とは

敷地の建物位置や外構を表す図面。外周部の壁中心線や屋根伏せで表現する。周辺の建物外形を表示すると敷地状況が伝わりやすい。右下の記号は方位を示しNと記された方向が北である。実務上は建物と境界線の離れ寸法が大切で、図3のとおり壁中心線を一点鎖線（f）、建物外形を実線（g）、敷地境界線は二点鎖線（h）で表記する。

配置図から読み取ること

設計者がどのように周辺環境を読み取り建物を置いたか、歩行者や自動車のアプローチ方法や、建築と街のかかわり方を読み取る。

実例から何を読み取る？

南北軸が45°ほど傾いており、周辺の建物は敷地にあわせ南西向きに建っていることがわかる。敷地は北東道路に接道し、2台分の駐車場と歩行者用アプローチが設けられている。建物は敷地南西に寄せられ、長方形の外形が南北軸にほぼ垂直に切り取られている。

立面図を読む

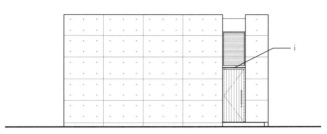

図4　北東立面図 1/150

立面図とは

建物の外形を東西南北の四面から投影した図面。形態が複雑な場合は角度や位置を変えて投影する。手前に見える部分を太めに、奥に行くに従い細い線で、仕上げはさらに細く薄く書くと伝わりやすい。また、影をつけることで立体的に表現することもある。高さがもっとも重要な情報なので、地盤面や最高高、各階床高、構造体天端も記載する。

立面図から読み取ること

平面図と見比べ、凹凸を把握し、建物の外形を想像する。通り記号があると平面図と見比べやすい。高さ方向の寸法を確認し、周辺建物とのバランス、道路からの見え方も考える。開口部の大きさや方向、壁の配置も考慮すれば周辺環境との呼応から開口の目的を読み取ることができる。

実例から何を読み取る？

南北方向が軸振れしているため北立面図ではなく、前面道路に並行な北東立面図で表現している（図4）。建物は玄関部分のみわずかに凹んでいる直方体の箱である。高さは4.5mで、通常の平屋より1mほど高く、2階建てより2m以上低い。仕上げはRC打放しであり、道路に面する北東側に対し、固く閉じている。木製玄関扉とジャロジー窓、平面図と比較すれば、玄関上部に薄い庇（i）の存在もうかがえる。

断面図を読む

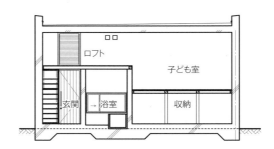

図5　断面図 1/150

断面図とは

建物を地面に垂直に、立面図に対して並行に切断し、切断面や見えがかりを表した図面。切断面は太線で、見えがかりを中線で、目地などは細く書く。RC切断面は3本斜線を入れたり、グレーや赤で塗ることもある。鉄骨や木造では梁などの横架材も表示する。縮尺を大きくし、納まりのほか、使用材料、製品名、詳細な寸法も記入したものを断面詳細図や矩計図とよぶ。

断面図から読み取ること

平面図や立面図と見比べ、数値を抑えながら各床のレベル差、天井高、空間の絡みやヴォリュームを読み取り、内部の空間構成を想像する。図面に人間を書き込むと空間の大きさが把握しやすい。構造体や設備配管が収められる天井裏や小屋裏などの「ふところ」、基礎の形状や断熱の状況も確認しよう。

実例から何を読み取る？

実例の断面図は平面図（p.viii, ix）に記されたAの部分で切り、図面の上部方向を描いたものである。

外気に面する壁と屋根スラブは厚いRC造、浴室周りは薄いRCの壁。ロフトと玄関部分、子ども室と収納は木製の床で仕切られ、天井高が一定のRCの箱内に収められている。収納とロフト部分は2層だが、天井高が1.4m以下なので、建築基準法上は階に含めず、平屋建て扱いとなる。

実際に建築が建つと

図6　内観写真

写真を見てみよう

　写真は、デッキに立ち、斜めの開口から室内を撮影したものである。女の子の裏手、中央のRCコアに水まわりがあり、その向こうが玄関である。左手、リビングから一段下がったところはキッチンで、奥様が調理をしている。右手の少し高い子ども室には乳児が寝ており、下部に収納が見える。RCコア上部はロフトで、1mの高低差はソファーや椅子をステップにして移動を行っている。

図面と比較しよう

　左手奥の玄関から、手前リビング、右手子ども室、奥上部ロフトと螺旋状に場が構成される。個室は近接し内壁はないが、高低差があり、斜めの開口を通して外に視線を逃がすため、各場の視線が交差しにくい。また、動線を螺旋状に長く取り、先を見通せないようにし、少しでも広がりを感じられるように配慮している。あらためて写真と各図面とを見比べてみよう。

模型やパースをつくろう

　実例はRCと木で構成したモノトーンの建築なので、白模型の製作で空間を確認できる。しかし、さまざまな素材や色合いで構成する場合は、実物に忠実な模型やカラフルなパースの作成が必須になるであろう。

[図1-6：立体一室住居（設計：星裕之　STUDIO POH　所在地：栃木県宇都宮市　竣工年：2006年）]

住宅の図面を読む

建築の基本は住宅である。小さくても日常生活がそこに含まれ、人間がもっとも長く過ごす空間だ。個人住宅ならば、特定の施主のための個別の要望が反映され、集合住宅であれば、その社会や時代の意識が凝縮されている。住宅の図面には部屋と部屋の関係、あるいは外部環境に対する姿勢が表現され、居住者がどのように暮らすのかを読み取ることができる。また他の章に比べて、規模が小さいので、本書の大きさでも十分に部屋の配置がわかるはずだ。

1 なぜ壁が曲がっているのか？

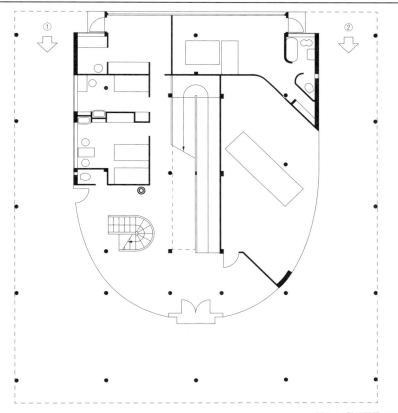

図1　1階平面図 1/200

問1　図1はフランスのある週末住宅の1階平面図である。図中のU字型の曲線は、建物へアクセスするための手段を踏まえて採用されたものだ。その手段とはどのようなものか。

問2　入口に至る経路の始点として正しいのは、①と②のうちどれか。

問3　図1には上階への通路が二つ示されているが、このうち来客でも気兼ねなく使える動線はどれか。入口との位置関係を参考に答えよ。

問4　図中に計23個ある黒丸は、1階の天井を支える円柱である。外周沿いの13本の円柱は、すべて4.75 m幅で均等に並べられている。残りの10本のうち、この均等配置に従っていない円柱は何本あるか。

サヴォア邸

設計者：ル・コルビュジエ
所在地：フランス、ポワッシー
竣工年：1929 年

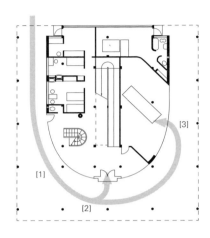

図 2　1 階平面図 1/400

　パリ北西部の街にある草地に建てられた住宅である。1 階がエントランスホールおよび使用人の居室、2 階が家人の生活空間、3 階が日光浴場となっている。設計者のル・コルビュジエは近代建築を牽引した人物であり、本作では彼が提唱した「近代建築の五原則」（自由な平面、水平連続窓、屋上庭園、ピロティ、自由な立面）が体現されている。図 1 からはそのうちの「自由な平面」と「ピロティ」が見出せる。

1　自動車によるアクセス
2　①

　本作は郊外の週末住宅であるため、自動車によるアクセスが想定されていた。アプローチの仕方は図 2 のとおりである。左ハンドルの車で [1] ピロティ内を左回りで走行し、[2] エントランス前で主人を降ろし、[3] 車庫に停車する。この一連の動作をスムーズなものとするため、入口周りのガラスの壁の形状に、車両のスケールに対応したカーブが採用された。この円弧の曲率は、施主が所持する自動車の最小回転半径にもとづく。さらに駐車場も出し入れが容易にできるように斜め向きの配置となっている。

　以上のように平面図をじっくり観察すると、本作が自動車社会を前提とした生活を想定してつくられた住

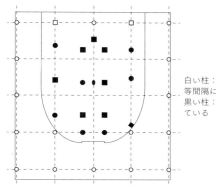

白い柱：グリッドに則して等間隔に配置されている
黒い柱：グリッドからずれている

図3　柱の配置

宅であることがわかる。

3　中央のスロープ

2階への動線として、図1の左側の階段と中央のスロープが用意されている。前者の階段の上り口は、エントランスに対して背を向けていることから、私用の通路であったことがわかる。一方、後者のスロープは入口正面に設置されており、来訪した人々を迎え入れるような構えとなっている。

4　7本

サヴォア邸の構造は一般的に鉄骨コンクリートラーメン構造とよばれるもので、柱と梁を剛接合した門型のフレームの構造体からなる。コンクリートと鉄の双方の特性が活かされているため、梁・柱は圧縮にも引張にも強くなる。また、ラーメン構造においては壁面が構造体に含まれないため、開口部のデザインの自由度が高くなるという利点もある。本作ではこの特性を活かし、2階のファサードに「水平連続窓」が採用された。

高層ビルなどの一般的なラーメン構造の建築においては、合理的であることから、柱の配置をグリッド状に並べ、応力の分布を均一化するのが定石である。サヴォア邸の柱の配置も、外周沿いのピロティに関しては等間隔である。しかし室内では、プランの中央に縦長のスロープが設けられているため、グリッドの交差点にすべての柱を配置した場合、スロープとぶつかり、動線を妨げてしまう。そこで図3のように、グリッドの交差点からずらして柱を配置し

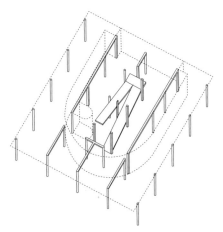

図4 アクソノメトリック図

たのである。

このずれについて、建築家のロバート・ヴェンチューリは『建築の多様性と対立性』（1966年）の中で、「空間とサーキュレーションに関して生じた例外的な状況」であり、それがむしろ「全体構成の支配的な規則性を、よりいっそう生き生きとしたものにした」と指摘している。スロープおよび柱配置のずれが、空間の均質性を打破し、建築にダイナミズムをもたらしているというわけである。実際にこのスロープを歩けば、2階のテラスの開放感や3階からの眺望の美しさなど、移動するたびにさまざまな映像的体験が連続的にもたらされる。建築を通して人々に精神的な喜びを喚起させる経路。これをコルビュジエは「建築的プロムナード」とよんだ。

その空間体験をより滑らかなものとするための細部への配慮として、天井の梁の渡し方は特筆に値する。図4のアクソノメトリック図に示したとおり、サヴォア邸の1階天井では梁のほとんどがスロープと平行する長手方向にしか表れない。短手方向ではスラブ内に敷き詰めた煉瓦が小梁として機能しているためである。その結果、長手方向の奥行き感が強調され、エントランスホールにいる者は自然とスロープへと促される。

普段着目されない部分ではあるが、このような柱と梁に対する慎重な検討こそが「建築的プロムナード」の実現に深く関係しているのである。

なぜ壁が曲がっているのか？

[図1-4：© FLC/ ADAGP, Paris & JASPAR, Tokyo, 2016 C1050]

2　どこまでが自然で、どこからが建築か？

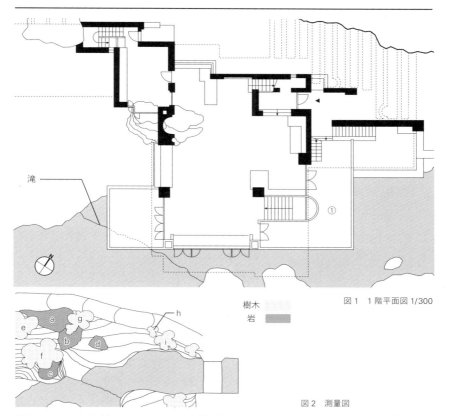

滝

図1　1階平面図 1/300

樹木
岩

図2　測量図

問1　図1は自然に囲まれた週末住宅の1階平面図である。リビングやテラスが収められた南側のフロア全体は、渓流の上を覆うように床面が張り出している。このうち①は室内か室外か。

問2　図2は設計時に作成された、敷地周辺の等高線や樹木・大岩などの位置を記した測量図である。図1, 2を比較すると、既存の自然物の一部が建物内に取り込まれていることがわかる。これに該当するものを図2のa〜hの中から選べ。なお、留意点として、建設の前後で川の輪郭や岩の表面の形状は一部変化している。

問3　問2の答えに該当する自然物の上には、厚みのある石積みの壁が設置されている。この壁は室内での暮らしにどのような役割を果たしているか。

落水荘

設計者：フランク・ロイド・ライト
所在地：アメリカ、ペンシルバニア州
竣工年：1936年

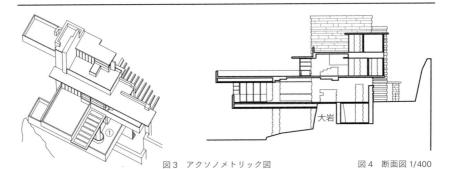

図3　アクソノメトリック図　　　図4　断面図 1/400

大富豪カウフマンのための週末住宅。鉄筋コンクリートのスラブの水平性と、石積みの壁の垂直性の対比が効いた外観となっている。当時69歳であったライトの「第二の黄金時代」のきっかけとなった作品だ。

1　室外

開口部の位置から①は室外であり、テラスとして使用されている（図3）。各階に設けられたほかのテラスと同様、外側に向かって張り出した造形となっている。ライトはこのテラスを自然を眺めるための場ではなく、自然とともに過ごすための空間として設計したのである。

2　d
3　暖炉として機能している

dの岩肌は室内の床面にそのまま露出している。この大岩は図4の断面図上にも示されており、その頂部が片持ちのスラブの高さと一致している。複雑な地形のなかで床の位置を定める基点として大岩が用いられていたのである。

こうした既存の自然物の活用は、北側の断崖と建築をつなぎとめている櫛形の部材のデザインにも見出せる。櫛の一部が半円状になっているのは、iやhの樹木を残す意図があったためである。

dの上にある石の壁は、本作の壁の中でも特に厚みのあるものとなっている。その厚さを利用し、壁の一部を窪ませ、煙突を仕込むことで暖炉としたのである。大岩は、この暖炉の火床として活用されている。

どこまでが自然で、どこからが建築か？

[図1-4：© 2012 Frank Lloyd Wright Foundation/ ARS, N.Y./ JASPAR, Tokyo E2213]

3　どこまでが建築で、どこからが自然か？

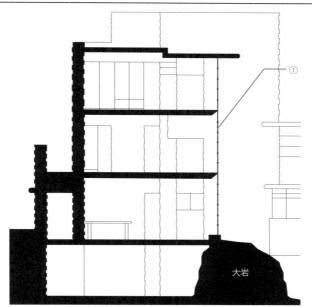

図1　AA′断面図 1/150

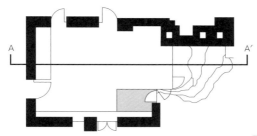

図2　2階平面図 1/150

問1　図1の大岩は、前項問2の答えに該当する大岩と同じものである。そこから垂直にのびている①の単線は、3層分の高さをもつ窓を示している。この窓の垂直方向の連続性を強調するために施されているデザイン上の工夫について、図1からわかる範囲で答えよ。

問2　図2は2階の書斎の平面図である。グレーで示した机の右側に、内開きの窓扉が設けられていることが読み取れる。この机と扉がぶつからないためにある工夫が施されているが、それはどのようなものか。

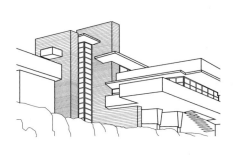
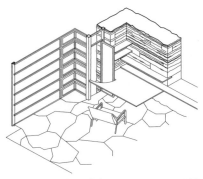

図3 垂直性が強調された窓　　　　図4 書斎のアクソノメトリック図

1　1階と2階の天井の断面端部を斜めにカットした

①の窓は、壁柱の間に挟まれた透明な直方体のヴォリュームを形成している（図3）。落水荘の基本的な構造は、分散配置された厚い壁柱が各階のスラブを支えるというものであるため、ガラスボックスには荷重が働かず、自由度の高いデザインが可能となっている。このような壁をカーテンウォールとよぶ。

ガラスのスクリーンの美しさを際立たせる工夫として、ガラスボックスに面するスラブの端部を斜めに切断している。これによりスラブとガラスの接触が最小限のものに抑えられるため、外からガラスボックスを眺めたときにスクリーンの向こうにあるはずのスラブの存在が目立たなくなる。室内から窓辺を見たときも、上階にガラス面が続いていることが知覚され、窓辺の開放性が増幅する。

2　内開きの窓の軌跡にあわせて机がくり抜かれている

図4は書斎の窓辺のアクソノメトリック図である。窓の一部は開閉式となっており、内開きの窓の軌跡にあわせて机の一部が切り取られている。あたかも家の一部をえぐりとるかのようなデザインである。前項問1で述べたテラスの張り出しが、建築から自然への積極的な働きかけであったのに対し、この机のくり抜きは、逆に自然から建築への浸食を示すものとして理解することができるだろう。落水荘においては、このように相互に浸透し合う形で建築と自然の一体化が図られている。

[図1-4：© 2012 Frank Lloyd Wright Foundation/ ARS, N.Y./ JASPAR, Tokyo E2213]

4　北欧の気候に適した建物の配置とは？

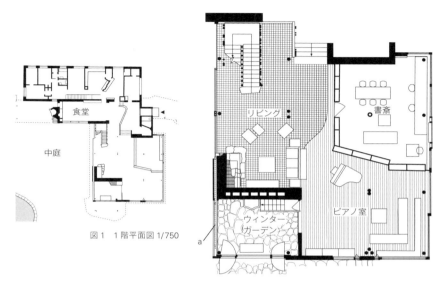

図1　1階平面図 1/750

図2　部分平面図 1/250

問1　図1はフィンランドのとある住宅の1階平面図である。外壁に着目すると、面によって開口部の割合に差があることがわかる。この違いは、年間を通して太陽高度が低く、冬は特に1日の日照時間が短くなるという北欧地域に特有の気候条件による部分が大きい。また、図中の食堂では施主である実業家夫妻が客人を招いて夕食会を催すこともあり、広い窓から中庭が望めるようになっている。以上を手がかりに、図2も参考にしながら図1に記すべき方位記号としてもっとも適切なものを次のア〜ウから選べ。

問2　図2は図1の一部を拡大表示したものである。壁によって空間が三つに仕切られ、部屋がリビング、書斎、ウィンターガーデン、ピアノ室の四つに振り当てられている。壁のほかに部屋を分節している要素とは何か。

問3　ウィンターガーデンの壁面内に記された点線 a は何か。

マイレア邸

設計者：アルヴァ・アアルト
所在地：フィンランド、ノールマルック
竣工年：1939年

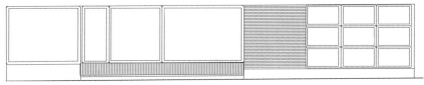

図3　窓の立面図 1/150

図4　サッシの断面図 1/150

L字型の建物とプールが中庭を取り囲む構成をもつ住宅。サウナやトゥパ（多目的の用途をもつ居間）など、北欧の伝統的な要素がみられるほか、林立する柱や建具による間仕切りは日本的とも評される。

1　ウ

本作の構造には、煉瓦による壁式構造と、円柱および梁からなる軸組構造の2種類がある。図1の上部にある長方形の空間は前者に、下部の正方形の空間は後者にそれぞれ該当する。窓が少ない前者と対照的に、後者は3面に大開口をもつ。昼間の日射の向きが東、南、西と変わることを踏まえ、どの時間帯でも室内に採光を導けるようにするための工夫である。アとウがこれに適するが、食堂に西日を導く配置としてより適切なのはウである。

2　床の仕上げ材

リビングには磁器質タイルを、ピアノ室には木のフローリングを張ることで両者をゆるやかに分節している。さらに書斎の仕切り壁も、天井までは届いておらず、ほかの部屋と連続している。ほかにもこのフロアの流動性を高める工夫として、室内に円柱群を点在させることで人々の視線を1点に留まらせないようにしていることなども挙げられる。

3　スライド式の戸を収める隙間

この隙間には、図3,4のとおりリビングの中庭側のガラス戸を収納することができる。これによりリビングを中庭に対して最大限開放できるようになり、空間の流動性が部屋同士に留まらず、外部の中庭にも波及していくようにしたのである。

北欧の気候に適した建物の配置とは？

5　床の裏側に設けられた孔の謎

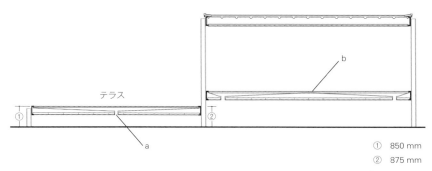

① 850 mm
② 875 mm

図1　断面図 1/150

問1　図1は「Less is more（より少ないことはより豊かなことだ）」と唱えた建築家が手がけた週末住宅の断面図である。その格言のとおり、鉄骨とガラスからなるシンプルなつくりの作品である。図1には屋根を支えている部材が何本あるか。

問2　敷地の南には河川があり、定期的に氾濫を起こすことで知られている。この与件に対して、本作ではどのような対策がとられていることがわかるか。図1からわかる範囲で答えよ。

問3　室外のテラスの床高について、①850 mm、②875 mmと示されている。つまり左右に25 mmの差があり、床面がわずかに傾いているのである。この傾斜が設けられた理由を考えよ。

問4　テラスの床面の裏側にはaのような孔が設けられている。この孔にはどのような機能があるか。さらにbの場所は室内・室外のどちらであると考えられるか。

ファンズワース邸

設計者：ミース・ファン・デル・ローエ
所在地：アメリカ、イリノイ州
竣工年：1950年

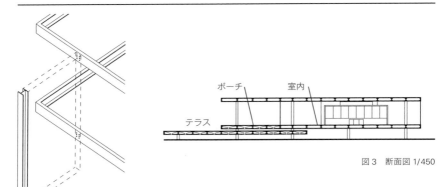

図2　構造模式図

図3　断面図 1/450

鉄骨造平屋建ての週末住宅。白い屋根・床・柱からなる鉄骨の構造体が樹々の中に浮かぶように建つ。四周を覆うガラスの皮膜に自然の風景が映し出される。

1　2本

本作の構造の一部を図2に示した。I型の部材からなる床と屋根のフレームの各側面に、H型の柱をぴったり沿わせる形で溶接している。

2　浸水に備えて床高を上げた

上記の組み方により、床を地上から切り離して設置することが可能となった。室内の床は浸水被害を抑えるため1,570 mmほど浮いている。

3　傾斜を利用し水を流す

テラスには屋根がなく雨が当たるため、床に水をたまらぬようにわずかな傾斜（水勾配）が設けられた。雨水の流れを目立たせない工夫として、2枚の床の隙間に向かって水が流れていく勾配が設定された。

4　aは排水口、bは室外

床の外装材の隙間から雨水が入ることを考慮し、床の裏側に排水口が設けられた。bにも同じものが設置されているのは、その場所が室外のポーチとなっているためである。図3のとおり、室内以外のすべての床にこの排水口が設けられている。

6 透明な空間におけるアクティビティを想像せよ

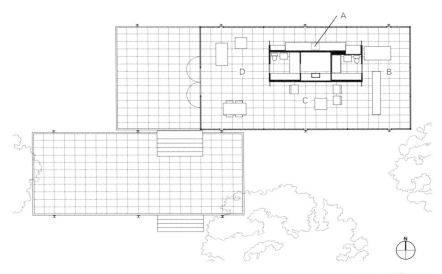

図1 平面図 1/300

問1 図1は前項と同じ住宅の平面図であり、室内の外周すべてがガラスで覆われていることがわかる。入口はどこにあるか。

問2 室内の中央にあるコアには、水まわりの設備が配置されている。その両側には二つのトイレが設けられているが、このうち主に客人によって使われることを想定しているのは東側、西側のどちらか。

問3 図1のAで示した部分も生活するうえで必要な水まわりの設備の一つである。Aの機能を答えよ。

問4 平面図上のB・C・Dは、それぞれ「食べる・寝る・くつろぐ」のいずれかのアクティビティに対応する場所として設計されている。問2と問3の答え、および方位を手がかりに、Bに対応するアクティビティを答えよ。

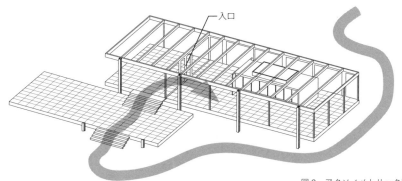

図2 アクソノメトリック図

本作は一見きわめてシンプルにみえるが、その実、全体の構成からディテールまでのあらゆる諸要素の配置が徹底的に計算されている。その片鱗は図面上からもうかがえる。トラバーチンの目地が織りなすグリッドが寸法の基本単位（モデュール）となっており、床面積、H型鋼の柱の配置、窓枠の位置を厳密に規定しているのである。この幾何学空間の中で、家具と設備コアだけは比較的自由な配置となっている。ここでは生活のアクティビティを想像しながら図面を読み解こう。

1 図2のとおり
2 西側

敷地には北側から入り、建物を回り込み、テラス・ポーチへ上がって入口に至る（図2）。樹々の中の建築の姿を堪能できるアプローチだ。本作は独身女性の住宅であったが、来客のためのしつらえも整えられていた。二つのトイレのうち、入口に相対する方が客人用である。

3 キッチン

トイレやシャワー以外に生活上必要な設備で、なおかつ横長の形に適するものといえばキッチンが思い当たるだろう。なお、コアの床には1本の排水用ダクトが設けられている。

4 寝る

入口からもっとも遠く、プライバシーが維持できるBが寝るための空間である。東側にあるため、朝日を浴びて起床するのにも適した場である。日中にもっとも陽が差すCはリビングとして使用される。Dはキッチンに隣接し、客人との歓談もできるため、ダイニングに適した場所だ。

7　二つの住宅モデルの決定的な違いとは？

図1　平面図 1/150（1951年）　　　図2　平面図 1/150（1949年）

問1　図1の平面図は1951年に案出された公営住宅の標準設計のモデルプランであり、戦後に住宅の平面計画に大きな影響を与えたといわれている。図2はその2年前のモデルであり、図1における機能を複合した部屋がまだ導入されていない。その二つの機能とは何か。

問2　両方のプランにはいずれも畳を敷いた二つの居室が設けられているが、両者には決定的な違いがある。それはどのようなものか。部屋の使い方を踏まえて答えよ。

公営住宅標準設計 51C 型

設計者：東京大学吉武研究室
所在地：日本
提案年：1951 年

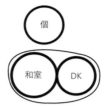

図3　ダイアグラム

　1950年代初頭の日本では都市部の住宅難が喫緊の問題だった。対策として建設省は、低家賃の公営住宅モデルを建築設計管理協会（現日本建築家協会）に委託した。「51C」とよばれる図1は、そのとき案出されたプランの一つで、協会の委員だった吉武泰水の研究室が作成した。

1　食卓と台所を合体したダイニングキッチン（DK）

　図1の台所の面積が図2よりも大きいのは、食卓を設けることを想定していたからである。図2では和室が食事の場となるが、人数が多い世帯では寝室との併用が生じる。図1ではこれを避け、食事と就寝の場所を明確に区分した。これは戦時中に西山夘三が庶民住宅の調査で明らかにした「食寝分離」とよばれる習慣を考慮したものだ。加えて51Cは、吉武研究室の戦後の調査で明らかにした「寝室分解」（子供の成長によって、親と子の寝室を分ける習慣）も踏まえていた。図2では2室のうちのいずれかが食事の場となるため、その部屋は寝室として使用しづらくなり、寝室分解が起こりにくくなってしまう。一方、図1ではDKが導入されたことでいずれの居室も食事の場にならず、スムーズに寝室分解を促す。

2　図2の2室は襖で仕切られているのみだが、図1では壁を設け、住人のプライバシーを確保した

　51Cの考案者の一人である鈴木成文は、「過密居住の中にあって最低限の秩序ある生活」を実現するために居室の間に壁を設けたと述べている。図3の図式が示すとおり、51CではDKのほかに独立した個室も導入されたのである。この1枚の壁からは、伝統から離れ、近代的な個人のための新たな住まいのあり方を追求した設計者の姿勢が読み取れる。

8　生活空間の中心を生み出す工夫は何か？

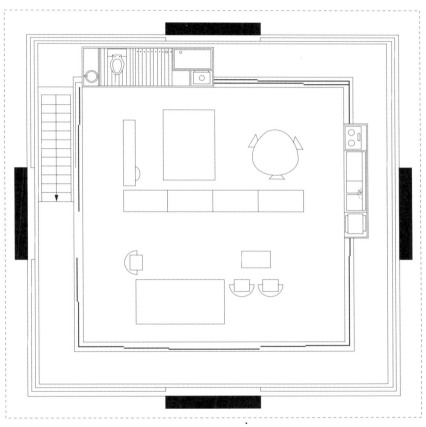

図1　2階平面図 1/100

問1　これは東京都内の傾斜地に建てられた建築家の自邸である。地上から5mの位置に持ち上げられたワンルーム空間の2階が生活の基本空間であった。空間に自由度をもたせるために二つの工夫がなされている。一つは10m四方の無柱空間を実現させたことである。もう一つの工夫を2階の平面図を読み解き答えよ。

スカイハウス

設計者：菊竹清訓
所在地：東京都文京区
竣工年：1958 年

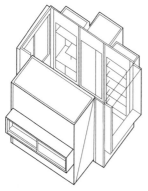

図2　子ども部屋ムーブネット

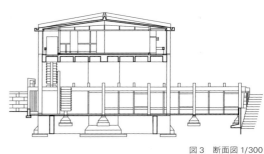

図3　断面図 1/300

　変化する建築を目指したメタボリズムグループの一人であった菊竹清訓の自邸で、その活動以前から菊竹がすでにメタボリズム的な思想を抱いていたことを示す作品でもある。地上から切り離された人為的な土地としての人工地盤はほかの菊竹清訓の作品にもみられる要素だ。2 階のリビングルームは夫婦二人のための部屋であり、この案を建築雑誌に発表したときの設計者が菊竹夫妻の連名であることもそれを裏づけている。

1　浴室やキッチンがユニット化され、外周部に配置されている

　当時、増沢洵、池辺陽などの自邸では設備コアを住宅の中心に据えたのに対し、菊竹は「住宅の中心には主人がいる」べきだと考え、屋根にHP シェルを用いて無柱空間をつくり、家具の配置変更によってフレキシブルな生活空間を志向した。これにあわせて水まわりの設備類にムーブネットという移動可能な装置を導入した。ちなみに図 2 の子ども部屋もムーブネットで、当初は図 3 のピロティに吊るされていた。水まわりや子ども部屋を交換可能にしたのは技術や家族構成の変化に対応するためであり、メタボリズムにおける新陳代謝の理念と通底している。

　実際には、ムーブネットだけでは変化に応じきれず、ピロティに随時増築した。当初と異なる形でメタボリズム的展開をみせたのである。

[図 1-3："JA"、新建築社、No.73（2009）p. 20,21,23 をもとに作成]

9　大きさはどのくらい？

図1　1階平面図 1/150

問1　図面はある日本人建築家が設計した2階建て住宅の1階平面図で、広間・寝室・浴室・洗濯室などが示されている。全体が正方形をしているのが特徴である。図中Aの長さは、2m、4m、6m、10mのうちどれか。

問2　図面中央に丸柱がある。この柱の位置は、いかにして決められたものだろうか。ヒントとして、本作の屋根の形が四角錐であることを踏まえて考えよ。

白の家

設計者：篠原一男
所在地：東京都杉並区
竣工年：1966年

図2　断面模型の写真

図3　断面パース

篠原一男の初期を代表する作品である。木造軸組工法を用いて、正方形の平面プランの上に方形の瓦屋根を掛け、外壁は白漆喰で仕上げるなど、日本の伝統建築の風情を感じさせる。外部とは対照的に、内部では抽象的な白い空間が実現されている。

1　両辺（A）の長さは10m

一見するとシンプルな構成の住宅だが、浴室や階段の大きさを考えるとそのスケール感が独特であることに気付く。Aの長さはバスタブの長辺の約6倍はあるため、10mがもっとも適切であると考えられる。64m²ほどの広間は、住宅の一室としては、大空間といえるだろう。

2　正四角錐の方形屋根の頂部を支えるためと、空間の象徴性を増すため

10m×10mの平面プランには、方形の大屋根が掛けられ、その頂点を支える心柱として、京都北山で採れた杉の磨丸太が広間に現れる（図2、3）。大きな存在感をもってそびえ立つ柱は、構造的に建築を支えるだけでなく、その象徴性によって空間を秩序づけている。壁は白塗装のプラスターボードで仕上げられ、天井と接する部分には目地がない。装飾を排した抽象的な直方体の空間からは、設計者の大胆さと繊細なこだわりが感じられる。

10　描かれた見えがかり線の正体は？

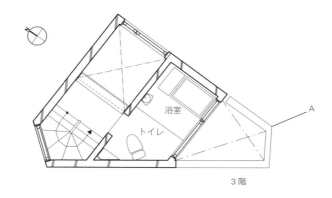

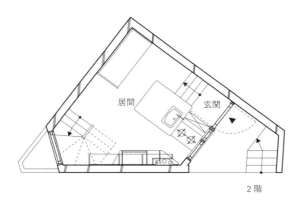

図1　平面図 1/100

問1　図面は東京都心部のきわめて狭小な敷地に建つある日本人建築家の自邸（地上5階、地下1階）の2階および3階平面図である。この平面図には、広く連続的な空間をつくるための工夫が表れているが、それは何か。

問2　3階平面図には見えがかりの線で壁が描かれている（A）。この壁はどのような役割を果たしているか。

塔の家

設計者：東孝光
所在地：東京都渋谷区
竣工年：1967 年

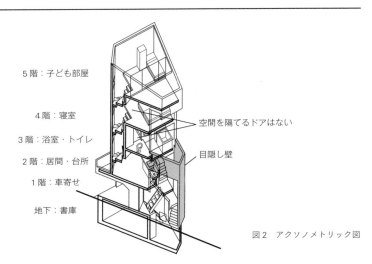

図2　アクソノメトリック図

東京都渋谷区に建つ都市型狭小住宅の元祖ともいえる作品である。荒々しいコンクリートや未仕上げのスチールサッシュなど特徴的なディテールをもつ、建築家・東孝光の処女作である。

1　①それぞれの部屋に扉がない
　　②吹抜けを用いている

6.2 坪という非常に狭い敷地に建つこの住宅は、家族3人のために設計された。地上5階、地下1階という縦長の構成をとることで必要な要件を満たしているが、1フロアの面積は非常に小さい。そこで各階を隔てる扉を設けず、吹抜けを効果的に用いることで、狭さを感じることのない連続した空間が実現した。この操作により話し声や活動の音、夕食の匂いなどは家中を駆け巡るが、視線が階をまたぐことはない。こうして、この住宅には共用部と個室のほどよい関係が生まれている。

2　目隠し壁の役割

玄関ポーチから3階の高さまで伸びた目隠し壁は、通行量が多い前面道路からの視線を遮断するように設計されているため、通常は開口が小さくなってしまうトイレや浴室にも大きな南窓を設け大量の光を取り入れることが可能となった。

11 なぜ壁の厚さが違うのか？

図1 2階平面図 1/200

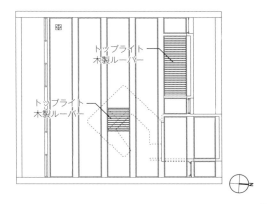

図2 天井伏図 1/200

問1 図面はある住宅の2階平面図と天井伏図である。東側と西側の外壁の間隔は約何mか。縮尺を手がかりに計算せよ。

問2 建築において、外壁と室内の間仕切り壁の厚さが異なることは珍しくないが、これだけの厚さの差があることに注意して、この住宅における構造の特徴は何か考えよ。

トンネル住居

設計者：横河健
所在地：東京都渋谷区
竣工年：1978 年

1　9 m
2　柱がなく壁と梁がコの字形につながった構造

　平面図でわかるように、この建築の 2 階には柱がない。天井伏図にみられる 8 本の細いジョイスト梁が東西の厚い壁と連続し一体となって、「トンネル」のようなコの字型の構造体を形成している。1 階も基本的に同じ構造で、柱はない。

　一般的な意味において「トンネル」とは、「住居」とは異なる次元の存在だが、この住宅では、まさに「トンネル」とよばれる構造体と、内部の「住居」部分とで、二つの異なるスケールの時間軸が存在している。住宅の中の家族の暮らし方とは、特に子供の成長とともに短期間で変化しうるもので、実際、この住宅も、1 階プランが約 5 年おきに変更された時期もあったが（p.23 の図面は 1978 年竣工時のものである）、「トンネル」は一貫して同じ姿で存在し続けている。

　一つの住宅に異なる複数の時間軸が存在することは、たとえばヨーロッパではごく一般的なことでもあり、建築躯体が数百年以上前のものであることも珍しくない。そこでは、人間の寿命を超越した「時」をもつ建築に対して、人間の営みに応じた介入が短い時間スパンでなされるが、そのとき躯体本体を傷つけないために、あるいは、区別させるために、躯体とは縁を切った建築表現がしばしばみられる。

　「トンネル住居」の最大の特徴は、2 階主室にある「環具」と名づけられたスペースだが、これはほかの壁面とは 45°の傾きをもち、また、天井伏図からわかるように、壁は天井まで届いていない。このような、躯体から独立した室のあり方は、同時代の日本より、むしろヨーロッパの建築に通じるものでもあるが、同時に、この主室では、階段北側の壁面を「床（とこ）」、「環具」の南西面を「棚」としても読め、日本と西洋の文化の交差点に位置する、興味深い作品となっている。

なぜ壁の厚さが違うのか？

12 いかにして都市の喧騒から距離を置くか？

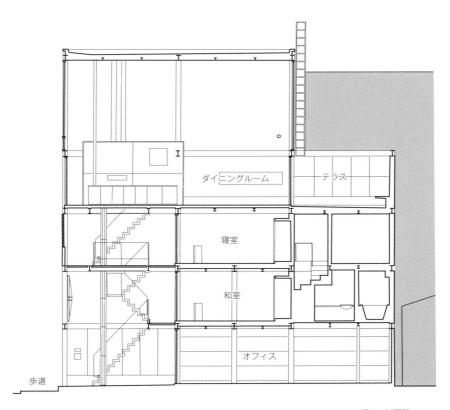

図1 断面図 1/150

問1 この住宅は狭小敷地に建ち、細長い直方体のヴォリュームで構成されている。図1はその奥行き方向の断面図である。主な構造は、木造、鉄骨造、コンクリート造のうちのいずれか。

問2 1階部分の入口と街路との間は、内部と外部の緩衝領域となっている。ここにはどのような機能が収まっているか。

問3 この住宅は4階建てだが、天井がもっとも高いのは何階か。

問4 この住宅には、都市の喧騒から距離を置いた場所に外部空間が設けられている。それはどこか。

日本橋の家

設計者：岸和郎
所在地：大阪府大阪市
竣工年：1992 年

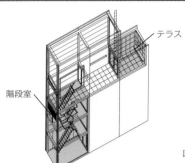

図2 アクソノメトリック図

大阪の下町に建つ住宅。敷地は三方が建物に囲まれており、その隙間にちょうど合う直方体のヴォリュームが用意された（図2）。素材に工業製品を多用した、軽量かつミニマルな都市住宅である。

1　鉄骨造

図中にいくつもH型鋼の断面が表れていることから鉄骨造であることがわかる。全体のヴォリュームは間口2.5 m、奥行き13 m、最高高さ14 mの鉄骨フレームからなる。フレームは現場に搬入後、高さ方向の中央部分で溶接接合したため、継ぎ目の少ない外観が実現した。

2　階段室

道路に面する1/3のスペースは、3層吹抜けの階段室として設計された。その地上階部分は街路に対して開放することができ、2、3階はガラスや半透明のスクリーンで覆われている。プライバシーを守りつつ、近隣とコミュニケーションも交わすことができる空間となっている。

3　4階
4　4階奥のテラス

住宅のスケールは法定高さで制限されていたため、1～3階までの階高を極力抑え、その代わりに最上階の天井高を6 mとした。街路側の2/3の部分をリビング・ダイニング、残りの1/3をテラスとした。街路とも地上とも距離を置いているこのテラスは、都市の喧騒から離れた憩いの場として設計されている。

13 動線と図式に示された住宅の理念とは何か？

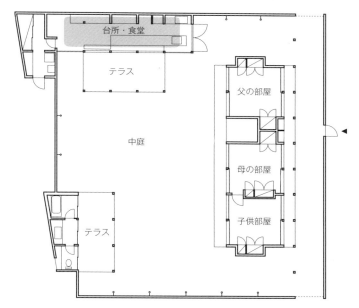

図1 平面図 1/250

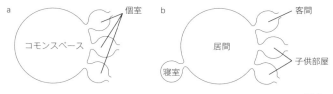

図2 ダイアグラム

問1 図1は夫婦二人と子ども一人からなる核家族を住人とする住宅の平面図である。同じ時間帯に帰宅した母子が、玄関を抜けてから台所・食堂で食事をともにするまでの動線をそれぞれ示せ。

問2 この住宅を設計した建築家は、一般的な核家族の住宅とは異なる平面形式を本作に導入したことを説明するために「ひょうたん型ダイアグラム」を用いた。この住宅に該当するダイアグラムとして適切なのは図2のaとbのうちのいずれであるか。

岡山の住宅

設計者：山本理顕
所在地：岡山県岡山市
竣工年：1992年

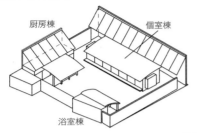

図3　アクソノメトリック図

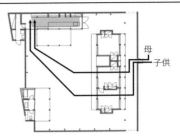

図4　平面図 1/600

高さ2.5m（一部6m）のガルバリウム鋼板で囲われた中庭に、厨房棟・浴室棟・個室棟を分散配置している（図3）。各棟は主に木造だが屋根には鉄骨が用いられている。庇を中庭側に伸ばし、その下をデッキテラスとすることで、交流の場としての半外部空間が形成されている。

1　図4のとおり

玄関から入ってきた住人は、まず細長い前庭からそれぞれの個室に向かう。その後、中庭を通って台所・食堂で調理・食事を行う。晴れの日はデッキテラスで食事もできる。

2　a

図2のbは近代の核家族の住宅における間取りを抽象化したものである。ここで社会（家の外）と結びついているのは家族の場（居間）であり、個人の場（寝室）は家の奥に押し込まれている。山本理顕はこの「社会⇔家族⇔個人」という旧来の住宅モデルにおける問題点として、たとえば主婦の生活が尊重されていないことを指摘した。個室もなく1日の大半が家族労働に費やされている主婦は、社会的関係から切り離されがちな存在といえる。

こうした社会的な問題意識のもと、山本が新たに考案したのが図2のaである。各個人の場（個室）を社会（家の外）と結びつけ、個室に囲まれる形で中庭（コモンスペース）が形成される。bの関係の一部をひっくり返し、「社会⇔個人⇔家族」という空間配列としたのである。社会生活の主体は家族ではなく個人であるべきとする建築家の見解が明快に打ち出されている。

14　何のためのスペース？

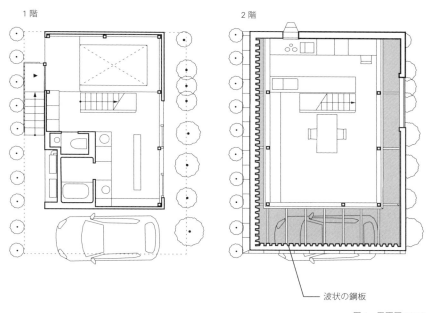

波状の鋼板

図1　平面図 1/150

問1　図面はある日本人建築家が設計した住宅の平面図である。2階平面図のリビング・キッチンの周りをぐるりと囲むグレーの部分は何か。

問2　グレーの部分の周りには、波形の鋼板が用いられているが、これは何のためか。

ガエ・ハウス

設計者：アトリエ・ワン
所在地：東京都世田谷区
竣工年：2003 年

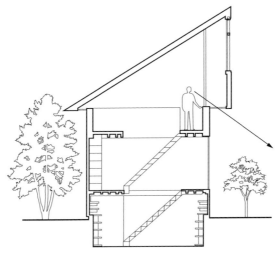

図2　断面図

東京都世田谷区の住宅地に建てられた書評家のための住宅である。地下1階は書斎と寝室、地上2階は居住スペースで、部屋に分割されないワンルームの積層により全体が構成されている。シンプルな平面でありながら、敷地いっぱいの大きな屋根に対して階高からずれた位置で壁面をセットバックさせるという断面的な操作により、リビングの空間を大きく特徴づけている。屋根や窓といった慣習的な要素を、普通とは異なる使い方で用いるアトリエ・ワンならではの作品である。

1　大きな屋根と壁との間の軒に設けられた隠れた窓のスペース

大きな屋根と壁との間に生じる軒に下向きの連続窓を設けることで、間接的な光を室内に引き込んでいる。この窓は外からは見えないが、住宅の足元から外の気配を感じたり、ぐるりと住宅の周りを覗き込むという窓の新しい体験をもたらしている。

2　室内を影のない光で包む反射板

スパンを飛ばすことのできる薄鋼板のデッキプレートを用いることで、大きな屋根を少ない柱で成立させている。さらに軒の連続窓から入る間接光を、デッキプレートの凹凸に反射させることで、室内を光で包む効果を生んでいる。

15 寒冷地の高齢者住宅に求められるものは？

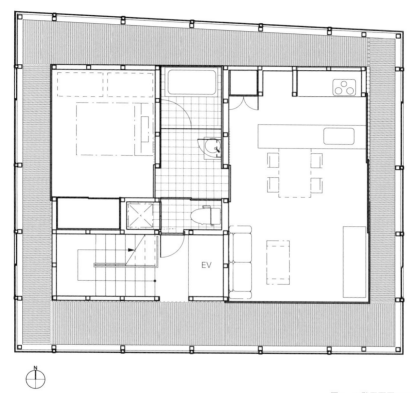

図1 2階平面図 1/100

問1 これは老夫婦のために建てられた寒冷地の住宅である。1階は駐車場と来客用の和室のみを設けている。2階の平面図を読み解き、高齢者に配慮して、どのような生活の空間を計画したかを答えよ。

問2 ペアガラスのように、空気層は断熱効果をもたらすが、この住宅では建材だけではなく、空間の構成によって断熱性能を上げようとしている。その方法を答えよ。

能代の住宅

設計者：納谷学＋納谷新
所在地：秋田県能代市
竣工年：2005年

図2
1階平面図
1/400

図3
東立面

1　機能を集約するコア

　東京で多くの住宅を手がける納谷学＋納谷新が、故郷の秋田において設計した両親の家である。住宅ながらエレベーターを設け、主に2階を生活の場としている。また廊下を介することなく、洗面所の両サイドの引き戸を開けると、寝室、水まわり（トイレと浴室）、食堂と居間が直結したプランになっている。つまり、頻繁に使う諸室をコンパクトに集約させることによって、施主の老夫婦に優しい機能的な空間が実現された。1階は防犯や雪の影響を考え、閉じた印象を与えるガルバリウム鋼板の外観だが、内部に入り、2階に上がると、一転して外の風景を感じる開放的な空間になる。

2　入れ子プランによる断熱層

　能代の住宅は、1,2階ともに外周に回廊をめぐらせ、その内側に部屋がある入れ子状の構成をもつ。つまり、壁に断熱性能をもたせて窓を小さくしたり、最新の設備を駆使するのではなく、外側の廊下を空気層とする巧みな平面計画によって断熱を行う。この家は季節に応じて、空間を伸縮する。夏は建具を開放し、部屋と廊下を一体化しつつ、外からの風を招き入れる。廊下はすのこ状の床をもち、光や風を通す。一方、冬は建具を閉じ、内側のぎゅっと絞った小さな空間を効率的に使う。ゆえに、雨戸、障子、襖を重層的に備え、空間を変化させる日本建築と似ていよう。外周の廊下も縁側空間のようである。

　納谷兄弟は、他にも湯沢の二世帯住宅、八戸の家、鷹巣の家などで、入れ子状の空間のバリエーションを展開している。それは現代建築における東北らしさの探究ともいえるだろう。

16　なぜ中庭がいくつもあるのか？

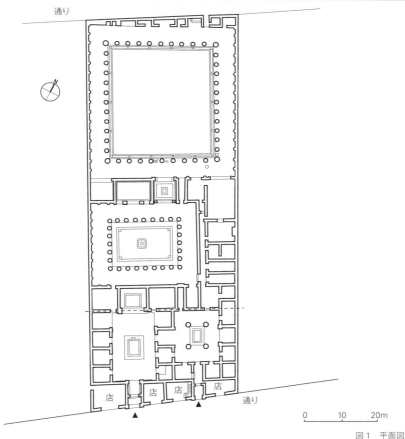

図1　平面図

問1　図面は、西暦79年に火山の噴火によって埋没したのち、18世紀にようやく発掘されたある都市型住宅の平面図を示している。正面入口は敷地南側の店舗と並ぶように二つ設けられている。そして、敷地の南側と北側は通りに面し、東側と西側にはそれぞれ別の住宅が隣接している。

　入口の近くには二つの中庭があり、図の点線よりも奥には列柱廊で囲まれた二つの中庭がある。これらの中庭について配置と大きさに注目しながら、その性格の違いについてそれぞれ説明せよ。

ファウノの家

所在地：イタリア、ポンペイ
竣工年：紀元前2世紀

　ファウノの家は古代ローマのドムス式住宅（都市型の上流階級の邸宅）の代表例の一つである。79年のウェスウィウス山の噴火で埋没したポンペイの住宅のうちで最大の規模（延床面積 3,050 m²）を誇る。壁には紀元前2世紀末期の、模造大理石のような第一様式の絵画装飾が残されており、エクセドラの床には現在ナポリ国立考古学博物館所蔵のアレクサンダー・モザイクがかつて飾られていた。

1　それぞれ二つの入口から入ってすぐの小さな中庭は半公共的な広間のような性格をもち、採光や通風のための天窓を備えている。一方、その奥の列柱廊で囲まれた二つの大きな中庭は私的な性格をもち、植栽が施されることも多い

　ドムス式住宅は、一般に通りに面して入口から奥まで各部屋が軸線上に配置されているのが特徴であるが、この住宅は大規模であるため若干不規則な配置となり、二つの入口と並んで四つの店舗も設けられている。入口から玄関を通って中に入ると、アトリウムという露天の大広間へと至る。ドムス式住宅の両隣は壁で閉ざされるため、アトリウムには採光や通風のための天窓が設けられ、雨水が床の水盤にたまる仕組みになっている。この家の名称は、水盤の中央にファウノ（ローマ神話の精霊）のブロンズ像が飾られていることに由来する。現在の公共建築のアトリウムと同様に、古代のアトリウムも半公共的な性格をもち、個人の住宅内でありながら、他人も自由に入ることができた。そして、アトリウムの奥にはタブリヌムという家族の由来を記した銘板が置かれる部屋がある。そこから奥は私的な性格を備えた場所となり、第一のペリステュリウムとよばれる中庭が設けられる。ウィトルウィウスによれば、ドムス式住宅の平面は、このようにアトリウムとペリステュリウムを中心とする二つの部分で構成されている。ファウノの家についても紀元前2世紀初めに完成した第一のペリステュリウムをひとまとまりとみなすことができ、さらに奥の第二のペリステュリウムは、紀元前2世紀末に増築された。

なぜ中庭がいくつもあるのか？

17 茶室の平面に施された工夫とは何か？

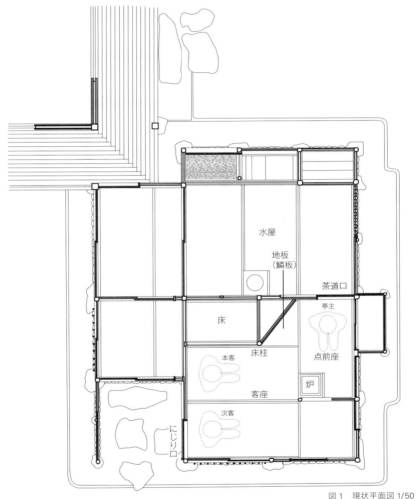

図1　現状平面図 1/50

問1　この茶室の室内には、平面構成上、1か所だけほかと異なる方向性をもった壁がみられる。該当する壁とそれが空間ならびに人のふるまいにもたらす効果を答えよ。

如庵

設計者：織田有楽
所在地：愛知県犬山市
竣工年：1618年頃

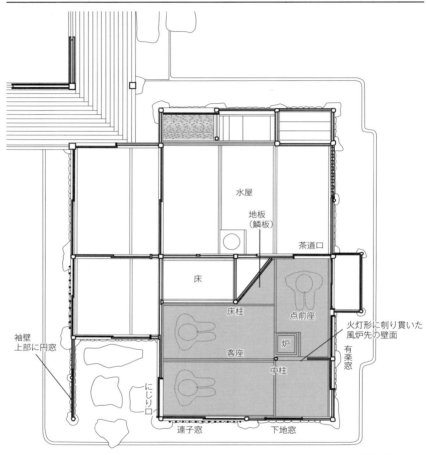

図2　現状平面図 1/50

1　床脇に三角形の地板を入れ、壁面を斜めに立てることで、茶道口から客座への亭主の働きを円滑にし、平面・立面ともに豊かな構成を可能にしている

武将かつ茶人としての顔をもつ織田有楽は、千利休に茶を学んだ利休十哲の一人である。その晩年に建仁寺塔頭正伝院を再興し、1618（元和4）年頃に庫裏の北方に如庵と書院を造営した。

如庵の内外部空間には、利休の茶室とは異なる多くの工夫が散見され

図3 外観写真

る。外部は入母屋造風の屋根を柿板で葺き、妻面を正面に破風板を打ち扁額を掛けている。また、左端には円窓を穿った袖壁をとりつけ、土間庇を設けて正面ににじり口を見せないなど、客人のアプローチに工夫を凝らしている（図3）。

内部はほぼ四畳半に床を入れ込んだ間取りで、二畳半と台目畳の点前座とによる二畳半台目である。点前座は床の後方に位置する下座床で、炉先に中柱を立て、風炉先の壁面いっぱいに板を張り、火灯形に刳り貫く。そして、風炉先の壁面と南方の壁面で囲まれた半畳に下地窓から明かりをとり、独創的な奥行きを演出する。

他方、客座に配した床には、釿（ちょうな）ではつった「なぐり」とよばれる材の床柱を立て、その前方を矩折に配した墨蹟窓からの明かりで照らす。

このように点前座と客座は、光と開口の巧みなデザインにより演出されている。さらに、これら二つの座の間を独特な建築技法でつないでおり、床脇に三角形の地板（鱗板）を入れ、壁面を斜めに立て、古暦を用いた腰張を張り詰めている。この斜めの壁により、茶道口から客座への亭主の働きを円滑にし、かつ茶道口のみで給仕口を兼ねるなど、平面・立面ともに豊かな構成を可能にしている。この点前座と客座をずらして斜めの壁を入れる構成を「筋違の囲」などとよぶ。

その後、正伝院は明治期に永源院と合併され、1908（明治41）年には如庵と書院が東京の三井邸に引き取られた。1937（昭和13）年には大磯の同家別邸に移され、後の1971（昭和46）年には愛知県犬山城下の有楽苑に移築され今に至る。

平面図、あるいは配置図を読む

平面図は空間の位置関係を把握するのに適した図面である。建物を水平に切断し、内部を見下ろすような視点のもとで描かれるため、スタディ段階で全体構成を考えたり、各部屋の機能を計画する際にも重宝する。さらに、上空から建築の姿を捉えた配置図においては、外構や前面道路、隣接する建築、方位など、建築の周辺にあるものの諸関係が示される。作品によっては、建築家自身の社会や都市に対する姿勢を読み解くこともできる。

18　神社と街と建築の関係を読み解け

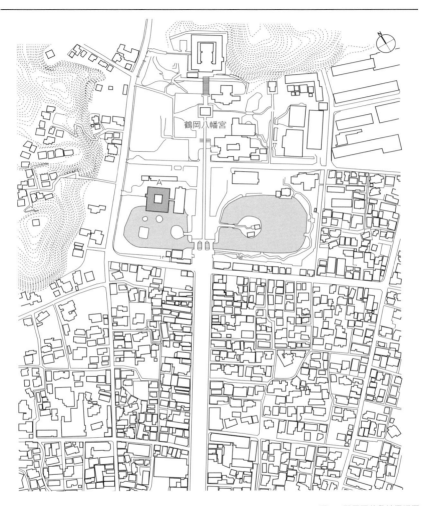

図1　配置図兼敷地周辺図

問1　図1はある建築Aの現在の配置図および敷地周辺の地図で、この建築は鶴岡八幡宮の境内に建てられている。この神社の境内にはどのような軸線があるか。

問2　建築Aは問1の軸線に対し、やや傾いた配置となっている。この傾きは、何の向きに対して平行か。

神奈川県立近代美術館 鎌倉

設計者：坂倉準三
所在地：神奈川県鎌倉市
竣工年：1951 年

図2　鶴岡八幡宮境内絵図（享保17年、鶴岡八幡宮提供）

戦後まもない時期にローコストで建てられた日本最初の公立近代美術館で、日本の代表的なモダニズム建築の一つである。鎌倉の鶴岡八幡宮の敷地内に、南西角の池に面して建てられている。設計者の坂倉準三はル・コルビュジエの弟子で、ピロティにもその影響がみられる。

1　北東奥にある本殿に向かう軸線

この軸線は境内の外に伸び、それは参道として街を貫き、最終的に海に向かっている。

江戸時代に描かれた「鶴岡八幡宮境内絵図」にもみられるように、この境内の建物は、ほとんどが南西面を正面入口として建てられているが、それは、この鶴岡八幡宮自体が、海のある南西側を絶対的な正面としているとも考えられる。

2　前面道路に対して平行に建てられた建築

神社境内の北西側の境界に平行である。このことは、問1の軸線ではなく、あくまでも北西側の前面道路の向きにあわせて建築の向きが決定されたことを示す。

19 歴史的環境にモダニズム建築はいかに建てられたか？

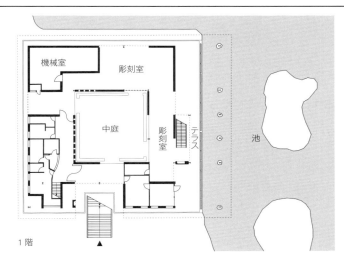

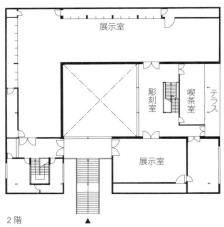

図1 平面図

問1 図1は前項と同じ建築の竣工当時の平面図である。この建築の1階と2階は、それぞれどの方角を正面としているか。

問2 床を高く持ち上げることで土地との関係はどうなるか考えよ。

問3 この建築がピロティをもつことに考慮して、1階と2階の正面の向きがそれぞれ、鶴岡八幡宮の境内に対してどのような関係をもつか考えよ。

問4 この建築を訪れた人は、最後にどのような風景を見るか考えよ。

1　1階は南西側、2階は北西側

1階は正方形に近い口の字型平面で、池に張り出したテラスと6本の独立柱がある南西側が正面。2階は大階段の入口のある北西側が正面。

2　土地の制約がなくなる

この形式、つまりピロティには土地から離れるという意味がある。近代に生まれた空調設備によって、建築は土地の気候から離れることが可能になったが、ピロティにはその土地の文化的・歴史的コンテクストから隔絶するという意味もある。

3　1階は周辺環境を意識し、2階はそれとは別に正面を設けた

2階の正面の向きは北西側で、この敷地に備わる、南西側を正面とする方向性とは異なる。つまり、2階はピロティによって鎌倉の鶴岡八幡宮という土地のコンテクストから引き離されたうえで、北西側に入口が設けられていると解釈することが可能である（なお、本書の配置図には示していないが、北西側からのアプローチは、鉄道を利用する来訪者の動線としても合理的である）。

一方、1階平面では、この敷地が規範としてもつ南西の正面性が守られている。ただし、池に張り出しているため、この正面は、現実には人がそこからアプローチすることが不可能なものとして存在している。

なお、1階ピロティの平面は、柱が規則正しくグリッド上に立つ点、さらに南西側が吹放ちの正面となっている点において、伝統的な寺社の平面との類似性がみられる。しかし、実際にこの建築を訪れても、壁が不整形であるため、そのことが強く意識されることはない。建築は地面から引き離され、土地のコンテクストからも離されたが、この敷地に規範として存在する方向性や平面形式は、1階平面に潜在的に宿っている。歴史的な環境にモダニズム建築がいかに建ちうるかという問いに対する、優れた解答例と考えられる。

4　池と屋外の彫刻を見る

2階の入口から入り二つの展示室を経て階段を降りて1階に出る。1階には屋外彫刻室と中庭とテラスがあり、テラスからは鶴岡八幡宮の池が望める。南西の2階の床面は1階の床より長いので、1階テラスでは庇が伸びて池に張り出したようになり、日中は南からの光が池の水面で反射して天井面に映りこむ。

20　既存の修道院の形式をいかに継承・刷新したか？

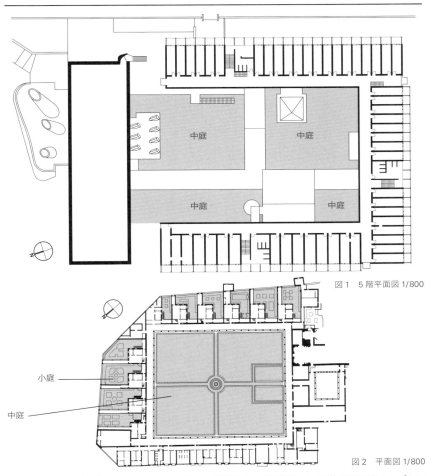

図1　5階平面図 1/800

図2　平面図 1/800

問1　図1は鉄筋コンクリート造、5階建ての修道院の5階平面図で、主に修道士の個室(幅1.83 m、奥行き5.92 m)で占められている。設計にあたりいくつかの既存の修道院が参考にされ、そのうちの一つの平面図を図2に示した。具体的な影響関係として、図2の小庭と同じ機能をもつ空間が図1のある場所に設けられている。該当箇所を図1から指摘せよ。

問2　図1と図2の中庭はともに建築ヴォリュームに四周を囲まれている点で共通しているが、構成のされ方は異なる。その相違点を明らかにせよ。

ラ・トゥーレット修道院

設計者：ル・コルビュジエ
所在地：フランス、リヨン近郊
竣工年：1960年

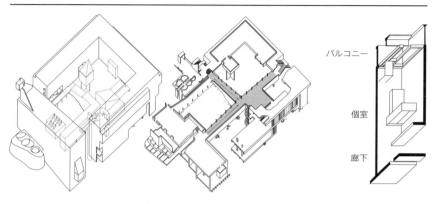

図3　アクソノメトリック図　　図4　個室の構成

傾斜地に建つ、コルビュジエ晩年の作品。直方体の聖堂とコの字の修道施設からなる（図3左）。後者は下層に食堂や集会室、中層に講堂や図書室、上層に修道士の居住空間（僧房）が配され、上階ほどプライベート性が増す。ル・トロネ修道院ほか複数の建築が参考にされたが、なかでも図2のガルッツォのカルトゥジオ修道院はコルビュジエが20歳の頃に感銘を受けた縁深い建築だ。

1　個室の奥の小さなバルコニー

僧房は廊下、個室、バルコニーの三つからなる（図4）。狭く細長い個室では、奥のバルコニーだけが外界と接しており、図2の小庭と同じく個室別に採光・眺望をもたらす。

2　図1では中庭−個室間の関係性がほとんど断絶している。また通路のヴォリュームで中庭が物理的に四分割されている点も異なる

図2の個室は回廊を介して中庭にアクセスできるが、図1の個室は上階にあり、廊下がほぼ壁で覆われているため、視覚的・物理的に中庭と断絶している。さらにこの中庭では二つの傾斜のついた通路（図3右）のヴォリュームが、図2にみられるロの字の外形を意図的に崩している。本作の中庭では角錐の礼拝堂や円筒の階段なども併存し、通路からの目を惹くが、この通路からも中庭にアクセスすることはできず、ガラス越しにその存在が断片的に知覚されるのみとなっている。

21　反復している形状はいくつあるか？

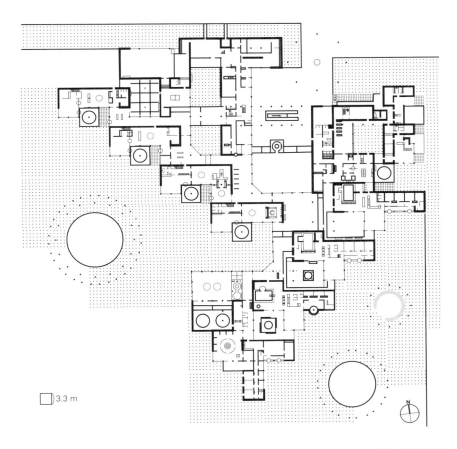

図1　1階平面図

問1　図面はある建築の1階平面図であり、大半の柱や壁は、約3.3mのグリッドに沿って配置されている。また、1辺3.3mの正方形を基本単位とする2種類のユニット（室群）が反復されている。このうち、L字型のユニットの個数をそれぞれ答えよ。

問2　この建築には円形の形態要素が多く用いられている。その中で、柱を中心とする円形の形態要素がいくつあるか答えよ。

子供の家

設計者：アルド・ファン・アイク
所在地：オランダ、アムステルダム
竣工年：1960年

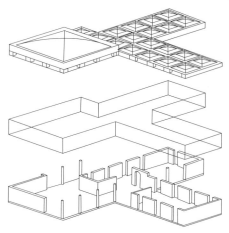

図2 アイソメトリック図

■ L字型ユニット
■ L字型＋正方形ユニット

図3 解説図

アムステルダムの郊外に建てられた孤児院である。「街路」のような廊下や「街路灯」のような照明というように、建築を「小さな都市」として設計したファン・アイクの代表作である。1960年から1990年頃までみられた建築潮流であるオランダ構造主義の最初の作品としても知られており、同一形状要素を組織的に集合させる設計手法は、オランダ建築界に多大な影響を与えた。

1　L字型ユニットが4個

柱・壁といった物的要素は、約3.3mのグリッドに沿って配置されているが、このグリッドは、目に見えないものではなく、プレキャスト・コンクリートでつくられた水平梁により、実体化されている（図2）。

図3で示すとおり、1辺3.3mの正方形が基本単位となり、L字型のユニットが4個形成されている。またL字型と正方形を組み合わせたユニットも4個確認できる。この2種類のユニットは、年齢別・性別にグルーピングされた子どもたちの居住空間となっている。

2種類のユニットは、ともに斜め方向に一定の間隔で反復されており、それにより居住空間で囲まれた中庭が生まれている。ここでは、ユニットの配置が同時に中庭を形成するという不可分な関係が構築されて

反復している形状はいくつあるか？

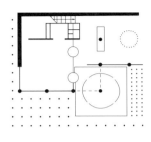
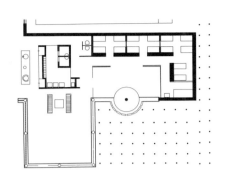

図4　L字型ユニットに隣接する中庭　　　　　　　図5　柱と遊び場

L字型ユニットに隣接する中庭（図4）には、柱を中心に円が描かれている。この中庭について、末包伸吾は「円に誘発された子供」が、「柱を触りながら回転を重ね」る「心誘う形態」であると述べている[1]。実際、当時の建築雑誌では、柱の周りを走り回る子どもの写真が見開きで掲載された。その他、図5に示す円は遊び場であるが、半円形のベンチに腰掛けたり、柱に寄りかかったりする子どもの写真も残されている。

このように、柱を中心とする円形要素は、子どもが直接柱に触れ、ある行為を誘発させるためのデザインといえる。この建築の柱はすべて直径28cmの丸柱で構成されているが、さまざまな円形要素と組み合わせることで、柱とそれをとりまく空

おり、内部空間と外部空間が交互に表れる群（クラスター）となっている。すなわち、建物の全体形は、一単位空間を単純に集積してつくられているわけではなく、内部空間・外部空間を含む、ユニット、クラスターという中間的なまとまりを経て、形づくられていることがわかる。一方、各ユニットを結びつける内部通路には、際立った反復性は認められず、細かな段差といった変化が加えられている。

このように、反復される構築体、段階的な空間的まとまり、変化に富む動線空間といった構成要素がグリッドをベースに統合されることで、リズミカルかつ複雑な空間構成を生み出しているのである。

2　柱を中心とする円形要素は6個

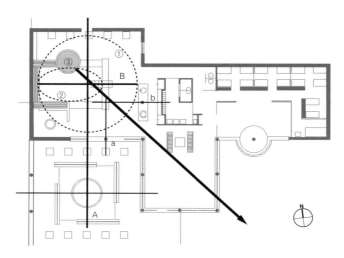

図6 ナイン・スクエア

また、柱と円や正方形といった幾何学的な形態要素は、空間に方向性を与えるものとしても機能する。L字型＋正方形ユニットの正方形部分①（ナイン・スクエア、図6）につくられた遊び場は、南東方向を除き、煉瓦壁で囲まれた空間となっている。ファン・アイクは、この空間の堅牢な囲みがもたらす特性として向心性を見出し、トップライトが設けられた約10m角のドーム屋根を架けることで、この向心性を強化した。一方で、くぼんだ長方形のスペース②と円筒状のスペース③は、その中心がナイン・スクエアのものと一致しないように配置されている。さらに、ファン・アイクは、南東に位置する三つの柱がナイン・スクエアの中心を通る軸ABからオフセットされた軸abをつくり出すと考え、中心や軸の意図的な不一致が斜めの方向性を与えると説明している（図6）。すなわち、ナイン・スクエアに、向心性と遠心性という相反する特性を幾何学的な形態要素を用いて同時存在させようとしたといえる。

このように子供の家では、グリッドをベースとした幾何学的な形態要素の注意深い配置によって、種々の空間的まとまりに幾重にも特性が与えられ、多義的な場所が創出されているのである。

1) 平尾和洋・末包伸吾編著、テキスト建築意匠、学芸出版社（2006）p. 31

22　どこまで視線が抜けるか？

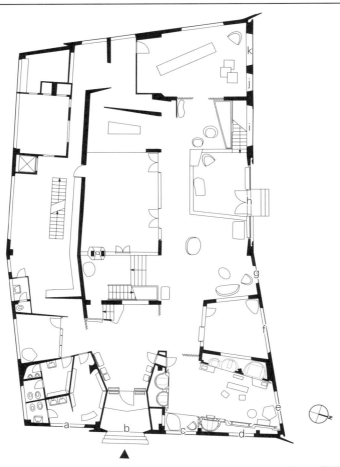

図1　1階平面図 1/300

問1　図1はヴェネズエラの丘の上に建つ住宅の1階平面図である。壁のほとんどが非直角をなしているのは、設計のコンセプトに「視線の連続性」があったことと関係している。図1の東立面にある四つの開口 a〜d のうち、反対側の西立面の開口まで視線が抜けるものを選べ。同様に北立面の7つの開口 e〜k のうち、南立面の開口まで視線が抜けるものも挙げよ。

ヴィラ・プランチャート

設計者：ジオ・ポンティ
所在地：ヴェネズエラ、カラカス
竣工年：1960年

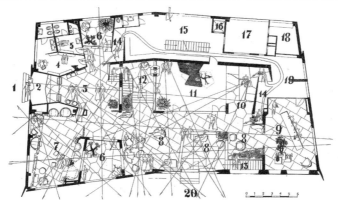

図2　平面ドローイング［出典："Domus", Editoriale Domus, No. 375（1961）］

亜熱帯気候の丘の上に建つ住宅である。1階に社交の場、2階に夫婦の部屋が収められ、食堂・中庭・広間の三つの吹き抜けが両者をつないでいる。構造は柱と梁からなり、荷重の制約を受けない外壁には、複数の大開口が設けられている。

平面図の外壁のコーナーに注目すると、外に向かって斜めに飛び出したデザインが採用されていることがわかるが、ここには外壁の軽やかさをいっそう強調するための工夫が凝らされている。角の根本の溝に照明装置を仕込み、夜になると建築の輪郭線のみが浮かび上がるような演出を施したのである。外壁は暗闇に溶け込み、あたかも消失してしまったかのような視覚的印象がもたらされる。

1　c・d, f

外形は歪んだ六角形をなし、北面が広くとられている。北方の山脈を窓辺から存分に眺められるようにするための操作だ。このような視線に対するポンティのこだわりが端的に示されているのが、図2の平面ドローイングである。過剰ともいえる人物と視線の描き込みからは、動線や眼差しの交差・通過を意識して壁の傾き具合と開口部の配置を決定していたことが伝わってくる。広間での歓談や階段における男女の出会いといったアクティビティのほか、動物の姿もみられる。都市の街路のように、複数のパースペクティブの重層する空間が描き出されている。

23　何の記号に似ているか？

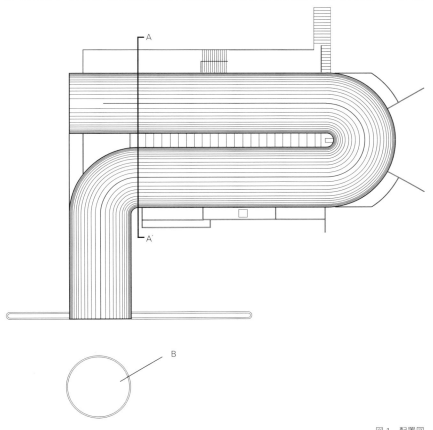

図1　配置図

問1　図面はあるゴルフ場のクラブハウスの配置図である。AA′間の屋根の断面はどのような形であると読み取れるか。線の幅に注目して答えよ。

問2　図中のBは車回しの円形の植込みである。この意匠は、本作の形態をある記号に似せようとする意図のもとで導入されたものとなっている。その記号は何か。

富士見カントリー・クラブハウス

設計者：磯崎新
所在地：大分県大分市
竣工年：1974年

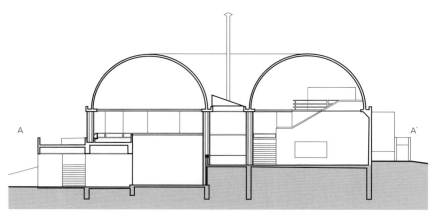

図2　AA'断面図

　ゴルフ場の施設で1階にロッカールームや浴場、2階に食堂や談話室を収めている。「建築の解体」を主張した磯崎が、モダニズムからの脱却を目指し発表した建築の一つである。

1　半円筒型の屋根

　当時の磯崎は無機質で画一的なモダニズムを批判し、幾何学的形態の可能性を追い求め、自身の作品にしばしば引用した。さらに、歴史的建築の意匠を参照することもあった。本作はその思想の中で生まれ、「半円筒」型のヴォールト屋根が用いられている。

2　？（クエスチョンマーク）

　湾曲している建物と円形の植込みを合わせると、「？」の形状となっていることがわかる。それには「日本人はなぜそんなにゴルフが好きなのか」という疑問が込められているとする設計者の説明もある。
　しかし、磯崎の当初のイメージは、それとは異なるものだった。丘陵の頂部すれすれに「うねるような半円筒のチューブ」を浮かばせることが念頭にあり、その形態スタディの過程で偶然「？」に近づいていき、最終的に円形の植込みが設けられた。つまり、この「？」は事後的につけられた磯崎の遊び心である。

24 レベル差をもつ空間の連続性を読み取れるか？

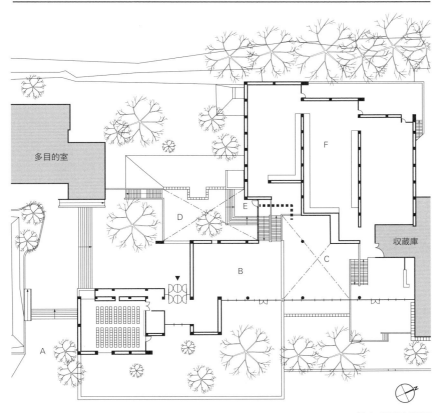

図 1　平面図 1/800

問 1　図1はある美術館の平面図の一部である。複数の階段が設置されていることから、全体がスキップフロアとなっていることがわかる。図中のA（屋外）からB（ロビー）まで移動するとき、進行方向を変える回数はいくつか。また、AとBの床高はどちらが高いか。

問 2　問1に続き、Bから階段を経由してF（常設展示室）で鑑賞を楽しんだとする。鑑賞を一通り終えた後、Bに戻らずにAに至るための動線を図1に書き込め。なお、CとEは同じ床高で展示室の下でつながっており、ヒントとしてその動線を図中の太い点線によって示した。

熊本県立美術館

設計者：前川國男
所在地：熊本県熊本市
竣工年：1976 年

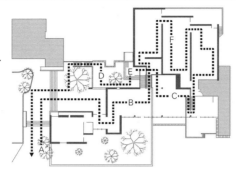

図2
1階平面図 1/1600

コンクリート打込みタイルや格子状の梁など、前川建築では馴染み深い意匠がふんだんに使われている。既存の土手や楠を残すなど、周辺環境への配慮もなされている。

1　5回（図2参照）、B

くねくねと折れ曲がりながら小階段を上って入口へと至るアプローチは、熊本城の城郭から想を得たものとされている。入口に向かうほど壁が増え閉塞感を与えるが、広いロビーに至ると一気に視界が開ける。壁の配置を調節し、劇的な空間体験を創出したのである。

2　図2に示した矢印

図1のC・D・Eには吹抜け記号が与えられている。ちょうど城郭の堀のように、ほかのフロアよりも1層分低く掘り下げられているのである。ヒントで示したとおり、CとEは展示室Fの前室の下でつながっているため、鑑賞者はこのヴォイドを経由し、F→C→E→D→Aの順で移動できる。結果的に、全体として図2のような循環状の動線がつくり出される。

設計者の前川國男はかつて「プランを練ってゆくと一筆書きで描けるようになる」と述べたことがあるという。図2の動線は、前川にとっての「一筆書き」が、単なる一本道ではなく、多くの寄り道を許容するものであることを示してもいる。たとえば鑑賞行為からいったん離れ、テラスや屋外展示室の樹々とふれあうことができる。自然・建築・人を包摂する流れを生むことこそ、一筆書きプランの真骨頂だといえよう。

レベル差をもつ空間の連続性を読み取れるか？

25　貫通型の通路はいくつある？

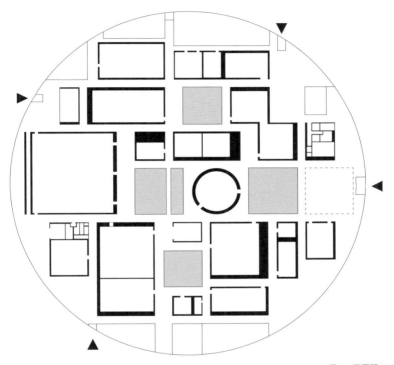

図1　平面図 1/1200

問1　図面はある美術館の平面図である。巨大なガラスの円の中にいくつもの箱を散りばめ、箱と箱の間の隙間が廊下となっている。その中には建物の端から端までを一直線に見通せる通路もあるが、これは全部でいくつあるか。なお、グレー部分は光庭で全面ガラス張りである。

問2　問1のような貫通型の通路の導入によって、美術館の空間内にはどのような効果がもたらされているか。

金沢 21 世紀美術館

設計者：SANAA
所在地：石川県金沢市
竣工年：2004 年

図 2　配置図 1/10000

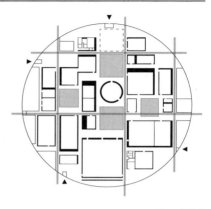

図 3　解説図

歴史ある金沢の街の中心部に建つ美術館である。周囲に対して裏表をつくらない円形プランの建物は 4 方向に入口をもち、全方位から入館できる（図 2）。館内は外周部の交流ゾーンにライブラリーやホール、創作室などが配置され、チケットをもっていない人でも気軽に館内を歩いて回ることができる。一方、中央の美術館ゾーンにはさまざまなプロポーションをもった 19 の展示室が独立して配置されている。

1　全部で 5 個（図 3 参照）
2　建物の端から端までを見通せる廊下は直径 113 m の奥行きの深い美術館内部に外部の光と風景を取り込み、明るく透明感のある空間が実現されている

美術館の周りには塀がないため、貫通型の通路の先には道路や建物などが見え、敷地の境界を越えて金沢の街の風景を取り込んでいる。円形の中に配置された箱と箱の隙間の通路は、都市における路地のようでもある。また、展示室が連続することなく独立しているため、展覧会の規模や内容に応じて、使用する展示室の組合せや順路を自由に変えることができる。通路は外部との連続を保ちながら、交流ゾーン、美術館ゾーンどちらにもなりうる余白のような空間として美術館の多様な使われ方を許容しているといえるだろう。

貫通型の通路はいくつある？

26　都市の軸性をいかに継承するか？

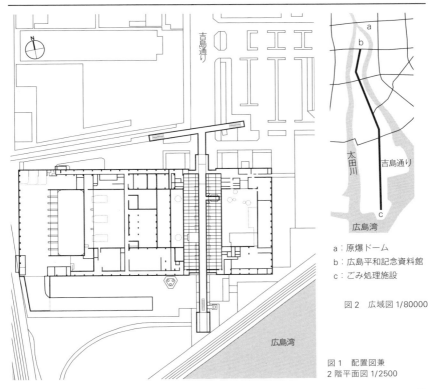

a：原爆ドーム
b：広島平和記念資料館
c：ごみ処理施設

図2　広域図 1/80000

図1　配置図兼
2階平面図 1/2500

問1　図1は広島市にあるごみ処理施設の配置図兼2階平面図である。工場建築は普段訪れる機会があまりないビルディングタイプといえるが、本作では建物内の一部が公共の空間として開放されている。そのエリアはどこか。

問2　図1に記載されている「吉島通り」は広島市の主要道路の一つである。この道路を北上するとやがて広島平和公園に至る。公園内にある、丹下健三が設計した広島平和記念資料館の配置は、川の対岸にある原爆ドームとの関係を強く意識したものとなっている。図2で示すとおり、原爆ドーム（a）と資料館（b）を結ぶ軸線上に吉島通りの北側端点があり、そこから約3.7km離れた南側端点に本作（c）がある。広島の都市構造の骨子をなす吉島通りに対し、本作ではどのような応答がなされているか。

広島市環境局中工場

設計者：谷口吉生
所在地：広島県広島市
竣工年：2004年

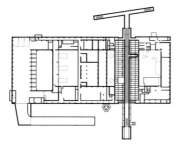

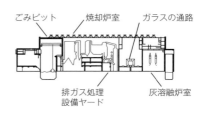

図3 解説図 1/4000　　図4 断面図 1/4000

広島湾の埋立地に建つごみ処理施設。幅4.5m、高さ4.5mのガラスの通路が建物の手前まで突き出ており、前面道路に面した階段を経由してそのまま工場の中に入れるようになっている。

1 図3のグレーで示した部分

建物内部の通路はトップライトから自然光が降り注ぐ長大な空間となっており、その左右には高さ30mを超える工場の機械設備が並ぶ（図4）。また通路と設備機械の間に均等配置された樹木がその美しさを引き立てている。

2 ガラスの通路を吉島通りと同一ライン上に配置し、工場を貫くように構成することで、南北方向の軸性を南の港湾部にまで拡張した

谷口吉生は、かつて丹下健三に師事しており、南北軸への考慮には師へのオマージュも込められていたと思われる。しかし谷口は、軸線の終端に自身の建築を置くことでシンボル性を強めることは企図しなかった。本作では、吉島通りと軸をそろえてガラスの通路を配置し、その反対側のボリュームへと通路が貫くように構成した。先端のデッキからは広島湾を眺めることができ、さらに通路が貫入している部分のファサードは全面ガラスで仕上げられているため、吉島通りからでも建物越しに港湾の風景を見通すことができる。すなわち、建築が都市と港湾部を媒介する門の役割を果たすことで、既存の軸性を拡張している。

以上のような都市軸への応答により、日常的には馴染みの薄い存在といえる工場建築を、都市生活の延長上にあるものとして再定義した。

27 箱型の部屋とそれらに囲まれた空間との関係は？

S：スタッフルーム
L：リビングスペース

図1　1階平面図 1/750

問1　図面はある滞在型施設の1階平面図である。同じ大きさの箱が不規則に配置され、5〜7個の箱に囲まれた空間に、リビングスペースが生まれる。リビングスペースとスタッフルームはどのような関係性になっているか。この建築の「情緒障害児短期治療施設」というプログラムに着目し、説明せよ。

情緒障害児短期治療施設

設計者：藤本壮介
所在地：北海道伊達市
竣工年：2006年

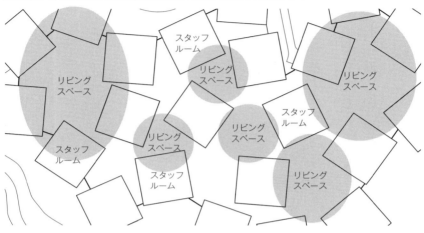

図2　部分平面図 1/500

北海道伊達市の都市の外れ、山の麓に建てられた、さまざまな理由により心に傷を負った子どもたちが共同生活を営みながら、健康を回復するための施設。多数のサイコロを転がしたような建築であり、箱と箱の不規則な隙間にさまざまな小さな居場所が生じ、他者との関係に敏感な子どもたちの多様な関係性に対応する。これらは時に隠れ場所にも使われる。従来の大舎型の施設でもなく、小舎型でもなく、その中間を狙った集落のような空間だ。

1　スタッフルームがリビングスペースに対し、基本的に隣接しながらも、あまり支配的にならない

個室群、トイレや洗面、スタッフルームなどの異なる機能を含む複数の箱で囲まれた空間が、リビングスペースになっている。一見、同じような大きさの箱がただばらまかれたかのようだ。しかし、リビングスペースとスタッフルームの位置関係に着目すると、スタッフの目が子どもの居場所に行き届くように緻密に設計されている。ただ、実際の空間を体験しても、管理する視点の中心は決して抑圧的にならず、子どもにとっては自分たちの個室やリビングスペースの方が中心だと感じられる。全体から計画するのではなく、各部分から相互の関係性を調整しながら設計されたようにもみえる。

箱型の部屋とそれらに囲まれた空間との関係は？

28 散らばった無数の点は何か？

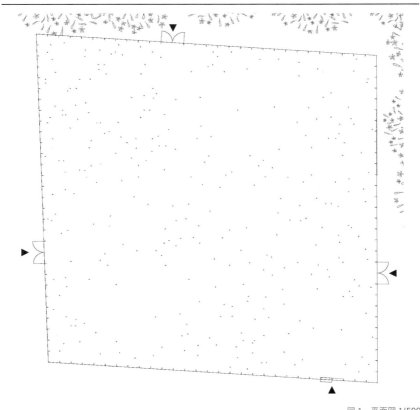

図1　平面図 1/500

問1　これは四面ともにガラスで覆われたある建築の平面図である。およそ 2,000 m² の巨大な四角いプランに間仕切り壁は一つもなく、よくみると無数の長方形の点がさまざまな密度で配置されている。これらの点は何だろうか。また、無数の点を散りばめた図面で表現される、この建築の内部空間はどのような特徴をもち、どのような体験をもたらすだろうか。

神奈川工科大学 KAIT 工房

設計者：石上純也
所在地：神奈川県厚木市
竣工年：2008 年

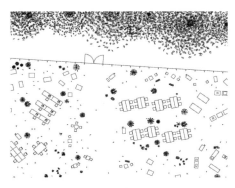

図2　平面図 1/600

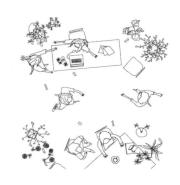

図3　平面図 1/100

大学のキャンパス内に計画され、学生が自由に使用することができる多目的な工房である。さまざまな機材を使った創作活動や展示が行われる。室内には、それぞれ形が異なる305本の柱が並ぶ。それらの柱がつくる余白のような空間には家具や機材、植物が配置されている。

1　無数の点はすべて構造体の柱である。さまざまなプロポーションの断面形状をもつフラットバーでつくられており、その角度を変えながら配置することで、多様な場所を生み、空間の見え方は主体の動きに伴って変化する

図1は、この建築が空間的にも構造的にも柱のみでつくられていることをもっともシンプルに表現している。柱の太さ、角度がランダムに配置された室内では、相対的に細く見える柱が近くにあったり、逆に太く見える柱が遠くにあったりするため、通常の遠近感が失われる。また柱の密度の違いは、森林のようなイメージを与え、ワンルームの中にいくつかのまとまりをつくり、周囲を柱に囲まれている空いたスペースを作業場としたり、柱の密度が低い場所を連続させて自然と通路にしたりしている（図2,3）。加えて、そのまとまりは一定ではなく、人が見る位置や動きによって刻一刻と変化するように設計されている。

[図1-3：石上純也建築設計事務所提供]

29　阿弥陀はどの方位にいるのか？

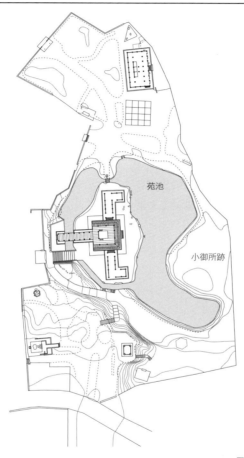

図1　現状配置図 1/2000

問1　阿弥陀如来坐像を奉るこの阿弥陀堂は、浄土変相図にもとづいた極楽浄土を表している。極楽浄土は西方にあると考えられていたことを踏まえ、この配置図に記すべき方位記号としてもっとも適切なものを次のア〜エから選べ。

ア　　　　　　　イ　　　　　　ウ　　　　　　エ

平等院鳳凰堂

所在地：京都府宇治市
竣工年：1053 年

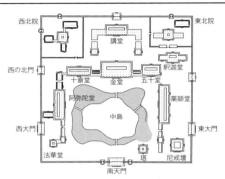

図2　法成寺
復元配置図 1/6000

1　イ。西方の極楽浄土を観想するため、苑池の東から西の鳳凰堂を望む景観がつくられた

　平安後期、災疫や怨霊への社会不安から、天皇や貴族は平安京の郊外に寺院を数多く造営した。現世の利益と秩序を願う密教とともに、末法思想のもと、来世に極楽浄土への往生を願う阿弥陀信仰がもてはやされた。現世と来世双方の安穏が求められたのである。それに伴い、法成寺・平等院・法勝寺・浄瑠璃寺などで阿弥陀堂という新しい建築が登場した。

　平等院は京都の法成寺（図2）をモデルに1053（天喜元）年に供養された。後には平泉の無量光院で模倣されるなど、その意匠と伽藍形式は中央から地方にまで広く伝播した。

　中堂には裳階のほか、寝殿造りの意匠を取り入れた翼廊と尾廊が取り付き、翼廊の上には楼閣が建てられた。創建当初は池が鳳凰堂にまで迫り、水上の楼閣建築としての偉容を誇った。これら建築群と苑池とを取り合わせた景観は、浄土変相図にもとづいた西方の極楽浄土を表している。苑池の東から西の鳳凰堂を望む景観構成が意図されたのである。

　平等院がモデルとした法成寺は、密教の本尊となる大日如来を奉る金堂を中心に、講堂、五大堂、十斎堂などの建築が立ち並んでいた。そして、東の薬師堂と西の阿弥陀堂は顕教の浄土変相図にみる方位観に従い配置され、阿弥陀堂を西方にみた景観は阿弥陀浄土を表していた。平等院鳳凰堂の景観の一源流をここにみることができよう。

阿弥陀はどの方位にいるのか？

［図1：太田博太郎、平等院大観 第一巻 建築、岩波書店（1998）p.9 をもとに作成］

30 異なった形の平面をつなぎ合わせたのはなぜか?

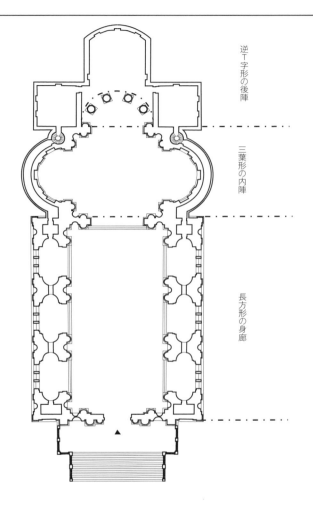

図1 平面図

問1 図面は、水の都として有名な町に16世紀に建てられたある聖堂の平面図を示している。この聖堂では入口から順に、両側に三つずつ長円形の小部屋が並んだ長方形の部屋、三葉形の部屋（一部は4本の円柱で構成）、T字形を逆にした部屋と続いている。それぞれ平面の形が異なっている理由と、4本の円柱の効果について、この建築家が永遠の都にある娯楽施設を参考に設計したことを勘案しながら答えよ。

イル・レデントーレ聖堂

設計者：アンドレア・パラーディオ
所在地：イタリア、ヴェネチア
竣工年：1592 年

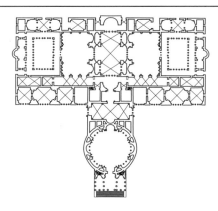

図2 古代ローマの浴場

1575-77 年にヴェネチアで猛威を振るったペストからの回復を祈願するために贖い主（イル・レデントーレ）であるイエス・キリストに奉献されたカプチン会修道院の聖堂で、ヴェネチア共和国政府がパラーディオに設計を依頼した。

1　伝統的な形態と部屋ごとに異なる機能上の要求を合致させるために、古代ローマの浴場の平面図（図2）を参考にしたからであり、4本の円柱は集中式平面の効果を生み出す

正面に古代神殿風の基壇が設けられ、入口から中に入ると円筒ヴォールト天井で覆われた単廊式の身廊が伸びており、そこではミサなどの宗教儀式が行われる。その両側には祈りの場としての礼拝堂が三つずつ並び、身廊の奥には円形ドームで覆われた三葉式平面の内陣が接続する。さらに、主祭壇の後方の半円形部分が四本の円柱で開放されたスクリーンを形成しながら、聖職者席のある後陣へと連続することによって集中式平面の効果が感じられる。小さな円形平面の螺旋階段は鐘塔として、三葉式平面のつなぎ目のドーム後方にそびえ立つ。奉献聖堂には伝統的に集中式平面が採用されたが、宗教儀式には不便であるため、このようにパラーディオはバシリカ式平面を選びながらも、礼拝堂を含む身廊、内陣、後陣という三つの異なる形態で平面を構成した。このようにいくつもの平面を連続させる手法として、図2が参考になったのである。

異なった形の平面をつなぎ合わせたのはなぜか？

31 都市の複合建築の中の聖堂はどのように設計されたか？

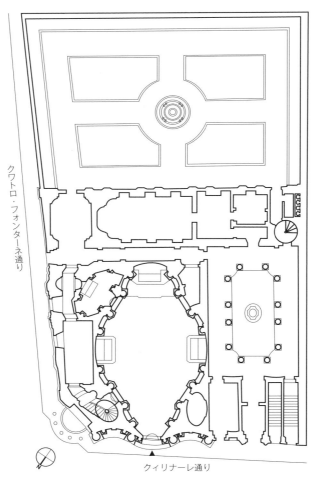

図1　平面図

問1　図面はある聖堂の平面図である。中心軸はどこか。
問2　中心軸と、北東側の建物外形のラインが平行でない理由は何か。
問3　北側の角が斜めに切られている理由は何か。

サン・カルロ・アッレ・クワトロ・フォンターネ聖堂

設計者：フランチェスコ・ボッロミーニ
所在地：イタリア、ローマ
竣工年：1638-76 年頃

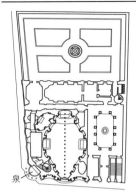

図2　解説図

図3
ローマ地図
（BnF 提供）

1　入口から入って、主祭壇に向かう軸線（図2の点線）

キリスト教の教会堂は、バシリカに由来する長軸形の平面と、ルネサンスに好まれた集中式の2種類の系統があるが、このサン・カルロ聖堂では、楕円のドームによって、長軸形と集中式の要素をあわせもつ平面となっている。

2　中心軸は前面道路にあわせた

この聖堂がつくられる前から、すでにこの場所には、北東と北西に通りが存在していた。この聖堂の軸線は、北東側のクワトロ・フォンターネ通りに沿うのではなく、正面入口のあるクィリナーレ通りに対してほぼ直交する向きで決められている。

聖堂の東南側の居室棟には、当初は1階に食堂、2,3階に個室、4階に図書室や集会室が収められていた。南西側の2階建ての回廊とあわせて、全体としてコンパクトにまとまった小さな修道院となっており、都市型の複合建築の一例でもある。

3　この場所は都市の四つ角の一角にあたるため、隅が切られている

この聖堂の名称にある「クワトロ・フォンターネ」とは「四つの泉」という意味で、この十字路の四つの角のそれぞれに泉がつくられており、サン・カルロ聖堂の北隅にはその一つがある。ボッロミーニは、この泉をファサードと一体化したものとして設計した。

32 バロックの建築家は幾何学をどのように用いたか？

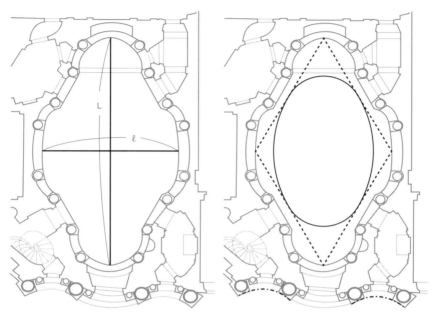

図1 スタディ図

問1 図1の左図は、前項と同じ聖堂の設計者によるスタディ図面の一部をトレースしたものである。先の問題で見出した中心軸を長軸L、その中点を通り、Lに直交する軸線を短軸ℓとする。それぞれの長さを計って、長軸L：短軸$\ell = \sqrt{x}:1$としたときのxを求めよ。

問2 図1の右図は、設計者がスタディ図面に描いた補助線の一部をトレースしたものである（ただし設問の都合上、一部の実線を点線とした）。この楕円曲線は複数の円弧の組み合わせでありコンパスのみで描かれている。この曲線はどのように描かれたものか。また、この曲線のコンパスの中心の位置はどこか考えよ。

問3 図1の右図の一点鎖線の円弧を作図するためのコンパスの中心の位置はどこか。

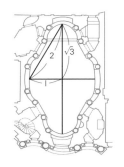
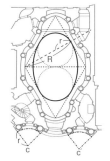

図2 解説図

1 　x＝3

　L：ℓ＝約1.73：1なので、√3：1である。したがって、L/2：ℓ/2＝√3：1であり、この図面における聖堂内部には二つの正三角形が内接することがわかる。

2 　まず、この正三角形に内接する円を描き、その半径をrとする。次に、短軸ℓの端部から正三角形の底辺に垂直二等分線を下ろし、その長さをRとし、ℓの端部を中心する半径Rの円を描く。最後に半径rの円弧と半径Rの円弧を、図のように組み合わせると、なめらかな楕円形ができる

　楕円はバロック建築の主要なモチーフの一つだが、建築家によって作図の方法が少しずつ異なっていた。ここに紹介したボッロミーニの楕円形は、円弧の組合せなので、正確には楕円ではない。ボッロミーニの作図法の特徴は、正三角形を多く使っていたことで、その点において中世的とも指摘されている。

3 　円弧の中心は、図の点cと点c´。この円の半径は、正三角形に内接する円の半径rに等しい

　サン・カルロ聖堂のファサードは、1階部分がこのように凹凸凹、2階部分は凹凹凹のパターンでうねるような曲面をつくっている。

　建築の外壁における凹曲面は、ルネサンスに例がなかったわけではなかったが、16世紀後半以降に増加し、バロックにはボッロミーニ、グアリーニといった建築家が多用した。凹曲面が建築の外側に表れると、コンパスの中心は、建築の外部空間に置かれる。そのような曲面を用いることで、建築の外壁には、図と地が反転し空間が相互に貫入しあうような躍動性が表れる。

33　ジグザグ配置にみる特徴とは何か？

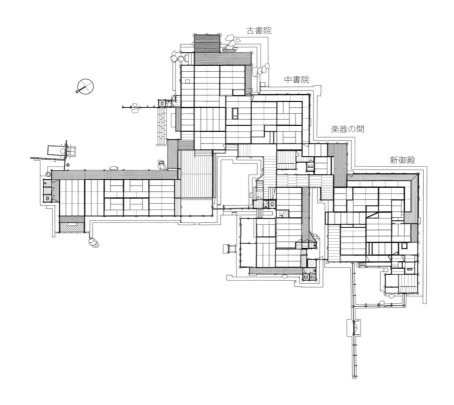

図1　現状平面図 1/600

問1　この建築の配置形式の名称は、ある動物が飛ぶときの行例になぞらえられている。この名称を答えよ。また、この配置形式の利点は何か。

桂離宮

所在地：京都府京都市
竣工年：1615年頃より

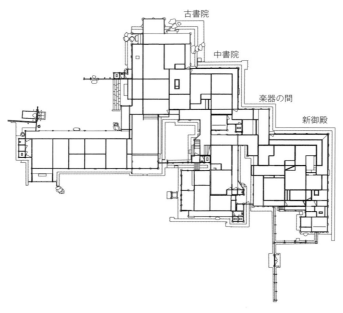

図2 解説図

1　桂離宮や二条城二の丸御殿（図3）のような書院造にみるジグザグの配置形式を雁行形配置とよぶ。この配置のおかげで各室から庭を望むことができるようになっている

京都西郊に営まれた桂離宮は、雁行形に配された数寄屋風書院造、散在する複数の茶室、周囲に広がる回遊式庭園など、建築と庭園の取り合わせが見どころである。個別建築にみる屋根と床の高さや形式、建具の使い分けによる立面のアクセントも見事である。

数寄屋風書院造が織りなす現状の雁行形は、いくつかの段階を経て成立した。まず、八条宮家創設者の智仁親王（1579-1629年）が、後の古書院となる「瓜畑たけのかろき茶屋」を建てた。後には1641（寛永18）年頃、宮家を継いだ智忠親王（1619-1662年）が、古書院の一部を改築して御座の間（中書院）と旧役所を増築、さらに1663（寛文3）年の後水尾上皇の桂御幸に備え、仕舞の間（楽器の間）・御幸殿（新

ジグザグ配置にみる特徴とは何か？

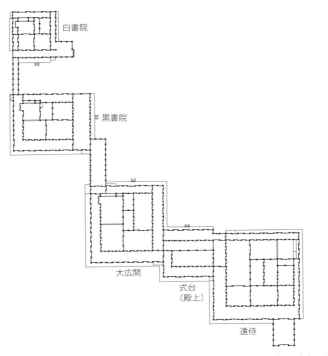

図3　二条城二の丸御殿現状平面図

御殿）・臣下控所を増築した。現状の古書院・中書院・楽器の間・新御殿と雁行する建築群はこのとき以来のもので、既存の縁を残しつつ、各室から庭を望めるよう工夫しながら増改築されたのである。なお、現状の旧役所は明治期に旧規に倣って復元されたものである。

　その後、八条宮家は家督を相続する子に恵まれず、時の上皇や天皇の皇子に継承され、宮号も常磐井宮、京極宮、桂宮と改称した。しかし、桂宮も1881（明治14）年淑子内親王の薨去（こうきょ）により断絶すると、桂別業も1883年に宮内省（現宮内庁）に移管され、「桂離宮」と改称された。現状のものは昭和の大修理により昔日の姿に復されたものである。

断面図から空間を読む

平面図＝間取り図は案内図などによく使われるように、一般人も理解しやすい図面の表記である。一方で、建物を垂直方向で切断し、その片側を横から覗くように描かれる断面図は、通常はあまり遭遇しない風景だ。しかし、これをデザインすることこそが、建築家の醍醐味である。吹抜けの構成、上空からの光の導き方、外部からの見え方と内部からの見え方の調整、環境制御や構造、壁の内側など、さまざまな空間的な工夫は、断面図を通じて構想されているからだ。

34 機能と形態の意外な組合せとは？

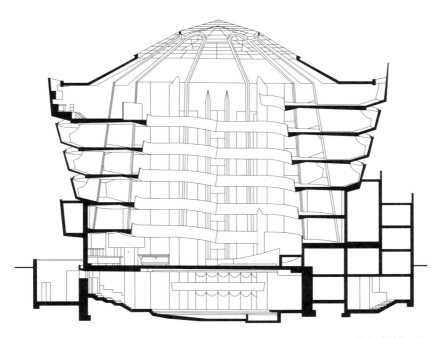

図1　断面図 1/500

問1　図1はニューヨークにある鉄筋コンクリート造の高層美術館の断面図である。その形態の革新性から、展示施設として相応しいかを巡り賛否両論が交わされたことでも知られている。本作の特徴の一つに、美術館としては採光を取り入れる部分が多いことが挙げられる。図1上に描かれている採光のための開口部をすべて指摘せよ。

問2　内部空間のほとんどが吹抜けで占められていることも本作の特徴だが、図1において吹抜け部分に該当する箇所を指摘せよ。

問3　図1の2階より上の床面に着目すると、左右の床高が半階ずつずれていることがわかる。このレベル差はなぜ生じているのかを、見えがかり部分を手がかりに考えよ。

グッゲンハイム美術館

設計者：フランク・ロイド・ライト
所在地：アメリカ、ニューヨーク州
竣工年：1959年

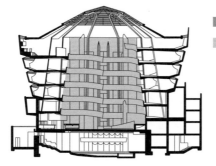

■ 採光のための開口部
■ 吹抜け

図2　解説図 1/1000

大富豪のコレクションを展示する美術館。地面に突き立てた円錐形のヴォリュームの側面に縞状のサイドライトを設けることで、コントラストの効いた外観を形成した。後述するとおり、斜路を用いたユニークな動線計画が採用された。

1　図2のとおり

2　図2のとおり

各階の展示室の明かりとりとしてサイドライトが導入されているほか、建物の天辺に十二角形の大きな天窓が供され、全層におよぶ巨大な吹抜けを介してすべてのフロアに光を行き渡らせている。大胆な採光方式だが、それゆえ従来の慣習を打ち破る自由さが獲得された。ちなみにライトによる本作のスケッチの中には、絵画を鑑賞する大人らの背後で、吹抜けの手すりからヨーヨーを垂らして遊ぶ子どもの姿が描かれている。展示物のみならず空間そのものを楽しむべしとするメッセージが込められている。

3　吹抜けまわりの床面がすべて螺旋状のスロープとなっているため

各階の展示室の床は、見えがかりのスロープですべてつながり、全体として螺旋の通路を形成している。長大なスロープを支えているのは全層を貫く12枚の壁柱で、図1からはそのうちの6枚を確認できる。この斬新な構成は、ライトが初期の頃に探究した「建築の水平性」を大都市の高層建築に適用してみせたことで発明されたものだといえる。

［図1,2：© 2012 Frank Lloyd Wright Foundation/ ARS, N.Y./ JASPAR, Tokyo E2213］

35　ステージはどこか？

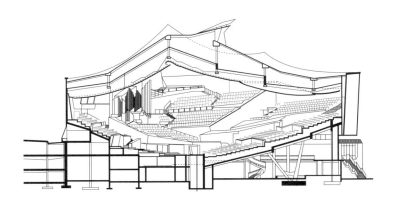

図1　断面図 1/800

問1　図面は 1956 年のコンペを経て建設された音楽ホールの断面図である。この断面図から客席は複雑な面の配置となっていることがわかる。指揮者および演奏者のステージは客席に取り囲まれるように配置されているが、それはどこにあるかを答えよ。

ベルリン・フィルハーモニー

設計者：ハンス・シャロウン
所在地：ドイツ、ベルリン
竣工年：1963 年

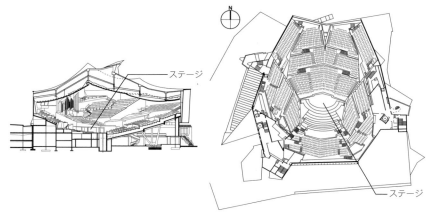

図2　断面図 1/1500　　　　　　　図3　平面図 1/1500

ベルリン・フィルハーモニー管弦楽団の本拠地として知られる。文化施設の密集する地区で広場を挟んだ反対側にはミース・ファン・デル・ローエによるベルリン新国立美術館が建つ。テントが幾重にも張られたような曲線のスカイラインと、黄色の外壁が特徴的な建物である。

1　図 2, 3 参照

空間の中心に音楽を据えるというアイデアのもと始まった設計によって、ステージはホールの中心、お椀型の底の部分に配置されている。客席がステージを取り囲むアリーナ型の最初期の事例であると同時に、客席のブロックが細かく分節され階段状に積み上がるワインヤード型を採用している。この形式によってステージとの距離を短くし、視覚的、音響的に音楽と密接した環境をつくり出している。

屈折した壁とともに、さまざまなレベルに設定された床面によって、音の拡散を助長し、均質に音が聞こえるように工夫されている。また持ち上がった客席下部には、通常は平面的に接続されるホワイエや控え室が収納され、客席に対して直接アクセスが可能となっている点も特徴的で、複雑な形態でありながら機能性を担保した有機的建築の代表的作品といえるだろう。

36　反復するかまぼこ屋根の謎

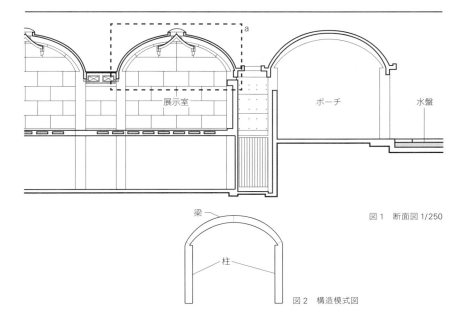

図1　断面図 1/250

図2　構造模式図

問1　図1はテキサスにある美術館の東西断面図で、コンクリートシェルでつくられたかまぼこ型の屋根が連続しているのが大きな特徴だ。室内に外光を採り入れるため、この屋根の周りには複数の開口部が設けられている。aの点線内にある開口部をすべて指摘せよ。

問2　敷地周辺の気候は、日中の太陽の照りつけが強烈なことで知られている。そのため問1の開口部のなかでもっとも高い位置にある窓から自然光を採り入れようとすると、展示物が紫外線で劣化してしまう恐れがある。これを回避するための器具が図1には記されている。それはどの部分か。

問3　屋根を支えている構造体を図2に示した。やや変則的ではあるが、これは柱と湾曲した梁から成り立っているとみてよい。部材の太さに着目すると、上部になるほど梁の太さが増していることがわかる。このような形が採用された要因について考えよ。

問4　図1のポーチは建物の西側に位置しており、問1,2の方法とは異なるやり方で自然光が採り込まれている。その方法とはどのようなものか。

キンベル美術館

設計者：ルイス・I・カーン
所在地：アメリカ、テキサス州
竣工年：1972 年

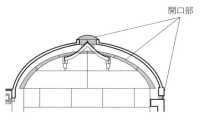

図3　屋根の断面詳細図 1/200

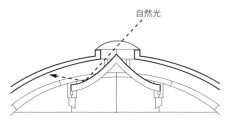

図4　アルミパネルの詳細図 1/100

記念公園の敷地内に建つ美術館。幅 7.3 m、長さ 31.6 m を一単位とする湾曲したコンクリートの屋根が計16 本並び、外観を形づくっている。審美的な観点から屋根の意匠にサイクロイド曲線を導入しており、幾何学性・図式性の強い建築のようにみえるが、綿密な採光システムの導入により、展示室内では変化に富んだ空間体験を味わうことができる。

1　図3のとおり

屋根まわりには三つの開口部があり、一つは屋根の頂部にあるスリット状の天窓である。残りの二つは屋根を支える梁と外壁との隙間に設けられており、外壁が構造体から切り離されていることを視覚的に伝える役割も果たしている。

2　屋根頂部の開口部の下に湾曲させたアルミパネルを吊るすことで、間接光を天井に反射させる仕組みをつくった

カーンは美術館の設計当初から、自然光とともにある展示空間というコンセプトを抱いており、屋根頂部に天窓を設けることでこれを実現させようとした。ただし、強い日差しによる作品の劣化は防がなければならない。この問題を解決するために考案されたのが、湾曲したアルミパネルによる反射システムであった。スリットから通過してきた自然光を反射させ、コンクリートシェルの天井面に柔らかな光を間接的に導入する仕組みである（図4）。この間接光を室内全体に均一に分布させるためにモックアップがつくられ、シェ

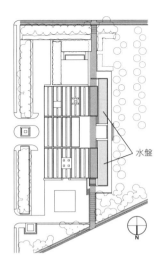
図5 配置図 1/4000

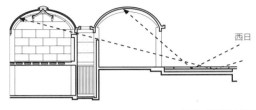
図6 断面図 1/450

ルの形状、スリットの幅と方向、アルミパネルの曲率の適切な位置関係が慎重に検討された。

3　屋根頂部に開口を設けると構造的に不安定となるため、上方にいくにつれて梁を太くさせることで構造の安定を図った

　一般的に建物の屋根に曲面を用いる場合、その頂部で圧縮とねじれの力が最大となる。本作では屋根を支える構造体が柱と湾曲した梁のみであることに加え、屋根頂部にスリットの開口が設けられているため、そのままでは構造的に不整合な状態となってしまう。そこで湾曲した梁の上方の厚みを増やし、頂部にかかる負荷に対する抵抗力を上げたのである。カーンにとって自然光の導入こそが最優先すべき事柄であり、構造形式はそのコンセプトに応じて決定されていたことがうかがえる。

　そのほかの屋根まわりの構造安定化の工夫として、シェル屋根の中に数本のポストテンションケーブルを仕込み、長手方向における梁とすることで、構造の補強も行なっている。

4　水盤に反射した西日の光を天井面で受けとめる

　図5の配置図が示すとおり、ポーチは南北の全面道路とつながっており、人々をエントランスへ誘導するアーケードとして機能している。このポーチの西側には水盤が併設されているため、夕方になると水面が日差しを受けてひときわ輝きはじめる。この反射光によって、ポーチの

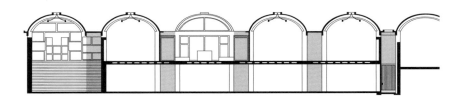

図7 断面図 1/500

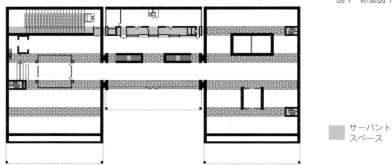

図8 平面図 1/300

天井面には水面の揺れ動きが映し出される（図6）。さらにこの光は、スリットを通過して展示室の天井にも注がれる。経路は異なるものの、答2で述べた「天井面への間接光の反射」と同様の空間体験を、建築の内外で感得できるようになっている。

なお、本作には「サーブドスペース / サーバントスペース」とよばれるカーンが独自に編み出した空間概念が導入されている。サーブドスペースとは「人々が活動するための自由な空間」のことであり、湾曲した屋根の下にある展示室がこれに該当する。一方、サーバントスペースは「人々の活動に奉仕する設備空間」のことであり、図7に示したとおりシェル屋根同士をつないでいる小さな平屋根の部分が相当する。サーバントスペースには空調設備のダクトや電気配線が内蔵されているほか、展示パネルを設置するためのレールや固定金具も取り付けられている。

この空間分割は、平面図における床の仕上げからも読み取れる。図8のとおり階段やトイレ、エレベーターを配置した細い帯状の部分（サーバントスペース）にはトラバーチンが張られており、木製の床材を張った展示室（サーブドスペース）と明確に区分されている。

37　周辺環境を保ちながら住宅を建てるには？

図1　断面図 1/250

問1　この住宅は砂丘の上に建ち、周辺には高さ30mの松の木が林立している。土地の起伏や木々をそのまま残して住宅を建てたいと考えた設計者は、どのような方法でそれを実現したか。断面図からわかることを二つ述べよ。

キャップ・フェレのD邸

設計者：ラカトン＆ヴァッサル
所在地：フランス、ボルドー
竣工年：1998年

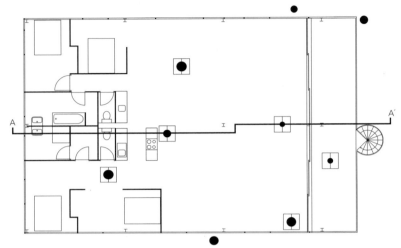

図2　平面図 1/200

地中約10mの深さまで打ち込まれた12本の杭で支えられた、鉄骨造の住宅である。敷地は海を望む砂丘地であり、その美しい植生を残したいという施主の願いから、次のような大胆なアイデアが生み出された。

1 ①地面から住宅を浮かせた　②木を住宅の中に貫通させた

第一の方法として、杭で住空間を2～3mほど宙に浮かせた。これにより、隣接するアルカション湾を小さな木々に邪魔されることなく高い位置から見下ろすことができるようにした。断熱材保護のためにピロティの天井部分に貼られたアルミニウム波板には、湾の水面に反射した日の光が反射し、ピロティに光をもたらす。

第二の方法として、天井と床に開口部を設け、6本の木を貫入させた（図2）。単純かつ大胆なこのアイデアを実現するための工夫として、たとえば上下の開口部の面積は、成長後の幹の太さをあらかじめ計算したうえで決められた。天井面ではプラスチックの天窓から採光を確保しつつ、木との隙間をゴムで覆い、防水性を高めている。さらに風による木の振動への対処として、揺れに応じて天窓がスライドする技術も導入された。

38　凸凹はどんな空間体験を生む？

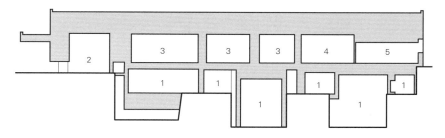

1：展示室　2：エントランスギャラリー
3：収蔵庫　4：荷解梱包室　5：作業室

図1　断面図 1/750

問1　図面は青森県の三内丸山遺跡の近くにある美術館の断面図である。発掘された遺跡という特殊な周辺環境を意識して、大地を凸凹に掘ることでつくられた地下の空間に対し、やはり下側に凸凹をもつ白いヴォリュームを被せる基本的な考え方によって構成されている。こうして両者の間にできる展示室は、どのようなものになり、どのような空間体験をもたらすか。

青森県立美術館

設計者：青木淳
所在地：青森県青森市
竣工年：2005年

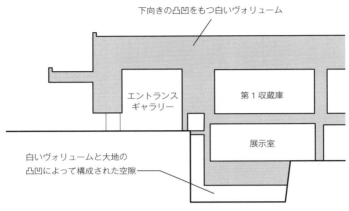

図2　部分断面図 1/500

　多くの建築家が参加したコンペで選ばれたユニークな空間をもつ美術館。現代美術に対応できる巨大な展示室をもち、シャガールや奈良美智の大型の作品を常設で展示している。立派な美術館らしく外観を誇示するのではなく、エレベーターで降りた地下に迷宮的な内部空間を抱え込む。青木淳は知的な形態・空間の操作を行うことで知られるが、この建築も随所に興味深い場面が展開し、新築であるのに、すでにリノベーションした後のような複雑さをもつ。

1　対比的な素材による上下の凹凸の間の空隙に、それぞれに個性をもった展示空間が次々に出現する

　この美術館の最大の特徴は、150mm〜20mの隙間が、さまざまな場をつくることである。通常の美術館はホワイトキューブとよばれる均質な箱が連続しているが、青森県立美術館では白い天井や垂れ壁と、土の床や壁が、上下から人を挟みこむことで、ここだけでしか得られない独特の空間を体験できる。

　ホワイトキューブに連なる白の世界と、縄文の遺跡に連なる土の世界。両者のどちらかではなく、二つのまったく異なる世界が接する、その間に美術の展示室が出現するような不思議な感覚を与えるだろう。

39 仏塔のデザインと空間の特徴とは何か？

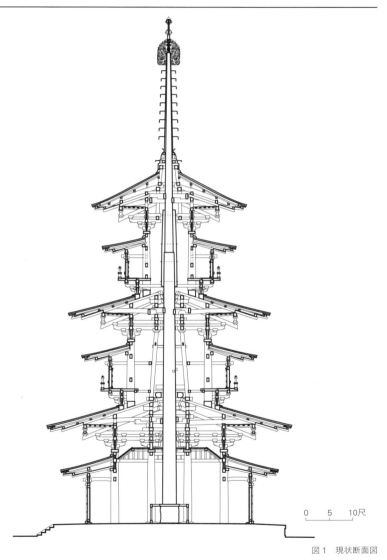

図1 現状断面図

問1 この仏塔の層数を答えよ。また、この仏塔で人が入ることが可能な空間はどこか。

薬師寺東塔

所在地：奈良県奈良市
竣工年：730年

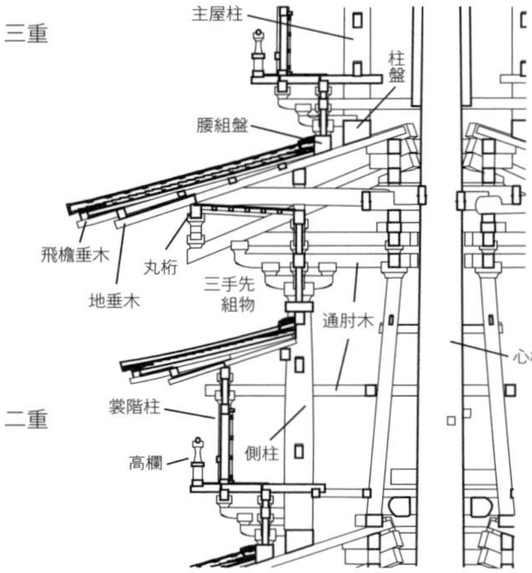

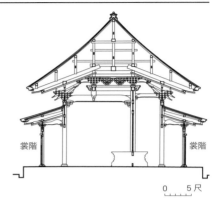

図2　断面詳細図

図3　円覚寺舎利殿
現状梁間断面図

1　薬師寺東塔の層数は3層で、各重に裳階が取り付いているため六つの屋根が架かる外観となっている。また、人が入ることが可能な空間は初重までで、二重より上に人が上って使用することはできない

730（天平2）年造営の薬師寺東塔は、各重に裳階が取り付き、六つの屋根が架かる外観で、その様は平安中期に竜宮を映したものと伝えられた。裳階とは主屋の側柱から外側に取り付いた差し掛けのことで、古くは法隆寺金堂や五重塔の初重に、後の中世には円覚寺舎利殿などの禅宗様建築でみることができる（図3）。

三重とも大きく主屋と裳階とに分かれている。初重の裳階は主屋柱に繋虹梁が差し込まれて取り付くが、二重・三重は地垂木に設置した柱盤の上に主屋柱が、腰組盤・根太・組物の上に裳階柱と高欄が立ち、内部で通肘木が井桁に組まれている。

上層にいくに従い大きさが次第に減少していき、柱間装置や高欄も人が使うには適さない小規模なものが設けられている。全体に楼閣の形態を採用しているが、心柱が貫通し床が張られておらず、裳階を内部で支える井桁状の通肘木に加え、三手先の二段目の通肘木や尾垂木を支える力肘木が内部に引き込まれているため、二重より上に人間が上って使用することができない。主として塔全体が外から見上げるための建築としてデザインされているのである。

40　ドームが三重になっているのはなぜか？

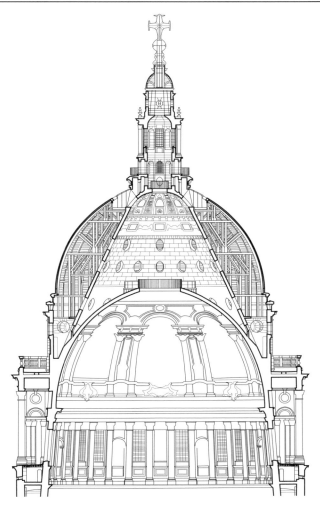

図1　断面図

問1　図面は、1666年に火事で焼失した後に再建されたイギリスのある聖堂のドーム断面図である。このドームは何重にもなっているが、そのようにするとどのような利点があるのだろうか。

セント・ポール大聖堂

設計者：サー・クリストファー・レン
所在地：イギリス、ロンドン
竣工年：1710 年

図2　ドームのアクソノメトリック図

ドームが三重になっているのはなぜか？

　ロンドンの経済の中心であるシティに存在する聖パウロに捧げられた大聖堂は、1666 年のロンドン大火によってゴシック様式の聖堂が焼失したのちに、サー・クリストファー・レンがバロック様式（ルネサンス様式に近い点も多い）で設計した。聖堂全体はラテン十字形の三廊式バシリカで、交差部が円形のドームで覆われている。

図3　外観写真

1　ドームの自重が軽減され、施工もしやすくなり、外から見たときには高くそびえ立って立派に見える

　ドームの構造については、内側から見たときの天井高と、外側から見たときの屋根の高さは必ずしも一致しない。古代ローマのパンテオンではドームの殻は1枚であり、天井高と屋根の高さはほぼ同じであった。しかし、中世のビザンティン建築にはしばしば二重殻のドームがみられるようになり、この場合には天井高と屋根の高さが大きく異なる。二重殻が採用された理由は、構造上の理由としてドームを薄く軽いものにするためと、意匠上の理由として外から見たときにも目立つようにするためと考えられる。

　レンはセント・ポール大聖堂のドームを設計するにあたって、パリのヴァル・ド・グラス聖堂の二重殻ドームを参考にしたようであるが、最終案ではこれを三重殻ドームへと発展させた。天井となる半球形ドームは煉瓦造で、その基部の内径は34.2 m、殻の厚さは上部で45 cmである。このドームの上に、同じく煉瓦造による円錐形ドームが設けられ、その基部の内径は30.8 m、殻の厚さは上から下までほぼ均一の45 cmである。この円錐形ドームの上に、木造小屋組と鉛板葺きによる半球形ドームの屋根が架けられ、採光塔（ランターン）が立ち上げられることで、全体が完成する。ほかにも構造上の工夫としては、ドームが破裂しないように、鉄鎖が基部などの数か所に帯のように巻かれている。

構造を考える／環境を調整する

本章では、技術的観点から建築図面を読み込む。一般的に建築は、外から働く力に十分耐えるための丈夫な構造体を有する。特に構造の成り立ちを把握するのに適した図面は、柱、壁、床、屋根の関係を一度に示せる断面図である。構造は建築単体で成立する技術である一方、環境に関する技術は、建築と自然の双方に深くかかわる。たとえば窓まわりのディテールや設置方法の工夫が、通風や採光の導き方を大きく変えることもある。

41 　床の段差はなぜ設けられたのか？

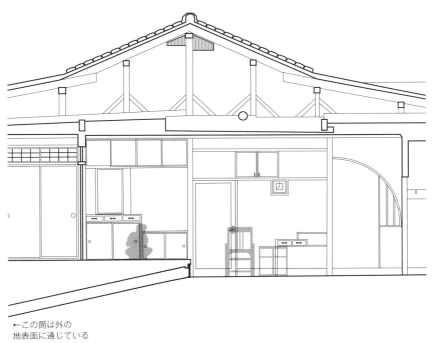

←この筒は外の
地表面に通じている

図 1　断面図 1/70

問 1　図 1 は戦前に建てられた日本人建築家の自邸の断面図である。床レベルに注目すると、真ん中の二つの部屋の間に段差が設けられていることがわかる。約 330 mm ほどあるこの段差には二つの役割がある。1 点目は住人のライフスタイルに関するもの、2 点目は室内環境に関するものである。この二つの役割とは何か。なお、1 点目の役割に関する手がかりとして、図中にグレーで示したオブジェクトの関係を考慮すること。さらに 2 点目の役割に関しては、地中にある細長い筒が外の地表面へと通じていることをヒントに考えよ。

聴竹居

設計者：藤井厚二
所在地：京都府乙訓郡
竣工年：1928年

図2　断面図 1/250

木立の生い茂る敷地に建つ木造平屋の住宅である。数寄屋建築にみられる緩い勾配の屋根の採用など、伝統的要素が盛り込まれているほか、通気・採光に関する先進的な工夫も施されている。数々の実験住宅を手がけてきた藤井厚二の集大成といえる作品である。

1　椅子座と床座の目線の高さを合わせる役割と、小さな開口を設けて室内に冷たい空気を流す役割

断面図の居間に置かれている家具に腰掛けることを想像してみると、椅子からの目線と三畳の和室に座している人の目線との高さが一致することがわかるだろう。これは当時普及しつつあった和洋折衷住宅の間取りを採用しつつ、椅子座の洋室と床座の和室でのコミュニケーションを自然に成立させるための工夫である。

段差の機能はそればかりではない。小さな開口を設け、空気の通るチューブを通すことで、夏場に日射で高温となった室内を冷却する役割も果たしている。仕組みは図2のとおり、斜面の通気口から取り込まれた外気が、地中の中でいったん冷やされたうえで段差の開口部を経由し、室内に至る。さらにこの冷湿な空気が室内との温度差で上昇し、部屋全体に涼しさをもたらすのである。現代ではクールチューブとよばれる手法だ。こうした環境工学の知識を活かした先駆的な試みは、縁側の天井や屋根裏の妻面などに設けられた通風窓など、聴竹居の随所に散りばめられている。

42 なぜ三日月がずれているのか？

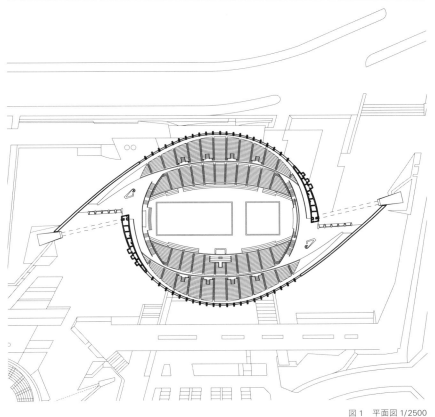

図1　平面図 1/2500

問 1　図面はある競技場の平面図である。全体の形状に注目すると、完全に閉じた円形ではなく、二つの三日月形がずれた形状であることがわかる。このずれた部分にはどのような役割があるか。

国立代々木競技場

設計者：丹下健三
所在地：東京都渋谷区
竣工年：1964 年

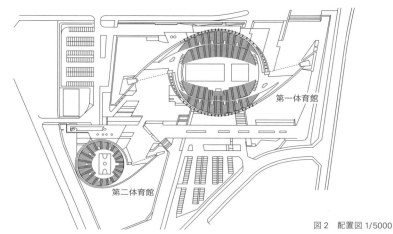

図 2　配置図 1/5000

1964 年東京五輪会場として明治神宮に隣接する敷地に建設された競技場。構造、設備、ランドスケープを巻き込んだ統一的なデザインによって設計者である丹下健三の名を世界に知らしめるとともに、日本建築が西欧に比肩しうることを示した建築である。全体構成は大小二つの体育館と両者を結ぶ付属棟からなる。

1　エントランスの役割。三日月形がずれた部分を通して内部と外部が流動的につながる

代々木競技場はその用途上、選手と観客とが一体となって高揚感を得られるような空間が求められた。第一体育館では円形競技場の利点である興奮の高まる求心性を残しつつ、その欠点である閉塞感を除くため、二つの三日月形のスタンドがずれて組み合わされた巴型平面が採用された。こうして生まれたずれた面を通して内部と外部が流動的につながり、その開放面はエントランスとして利用された。第二体育館は螺旋形で、二つの体育館がその開いた口を向かい合わせて配置されている。

エントランスから入った観客はすぐさま内部の大空間を見渡すことができ、目的の座席に方向性を見失うことなく到達し、熱気に満ちた競技に触れ、興奮冷めやらぬまま会場を後にする、という一連のアクティビティと形態とが統一的にデザインされている。

なぜ三日月がずれているのか？

43 なぜ屋根が垂れ下がっているのか？

図1　南北断面図 1/2000

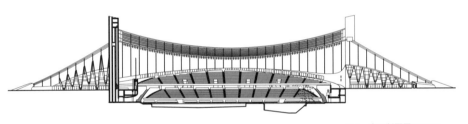

図2　東西断面図 1/2000

問1　図面は前項と同じ建築の断面図である。屋根に注目すると、垂れ下がるような曲線を描いているのがわかる。この建築の屋根の構造は何か。

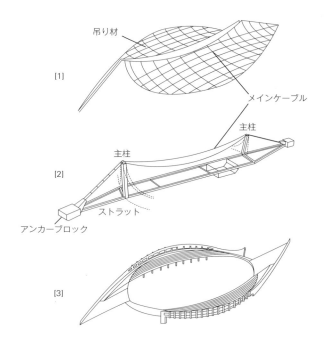

図3 構造図

1　吊り構造。2本の主柱の間に架けられた2本のメインケーブルと、そこからスタンド外周に渡された吊り材により屋根全体が吊られている

第一体育館では内部に柱のない大空間を実現するために、吊り橋と類似の構造形式がとられている。具体的には、[1] 2本のメインケーブルとスタンド外周との間に吊り材が渡され屋根面を形成し、[2] メインケーブル、主柱、アンカーブロック、ストラットにより構成される中央構造が屋根面からの荷重を支え、[3] 屋根面からの引張力とキャンチレバー状に張り出した鉄筋コンクリート造のスタンドの重量とでバランスがとられている（図3）。当初、吊り材にはサブケーブルを用い、押え鋼とケーブルネットを構成する計画であったが、それでは張りつめた緊張感のある理想的な屋根面を得られないことが実験により明らかになった。そのため、吊り材にあらかじめ意図した形状に成型した鉄骨を用いるセミ・リジット（半剛性）構造が世界で初めて採用された。こうしてケーブルネット構造ともシェル構造とも異なる、神社建築の反りを思わせるシャープな屋根形状が実現した。

44 柱はいかにして空間のスケールに呼応したか？

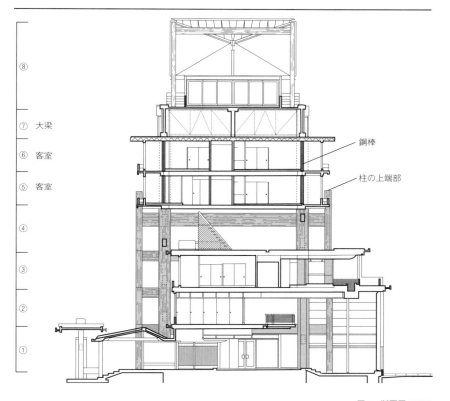

図1 断面図 1/300

問1 図1は鉄骨鉄筋コンクリート（SRC）造の和風旅館の断面図である。各フロアのうち⑤と⑥は客室階、⑦は構造体の大梁で占められ、残りのフロアに一つだけ外壁が設けられていない層がある。該当する番号を選べ。

問2 グレーで表した部分は、本作の主構造の一つである複数の柱を水平材で連結した組み柱を示している。その一部は⑤の層でカットされているが、この処理を施したメリットを施設の利用者の立場から考えよ。

問3 図中の鋼棒は、問2でカットされた柱に代わって客室階の構造を担保する部材である。コンクリートではないため圧縮強度は見込めないが、引張りに強い金属でつくられている。このことを踏まえ、鋼棒が⑥の床をどのように支えているか記述せよ。

東光園

設計者：菊竹清訓
所在地：鳥取県米子市
竣工年：1964 年

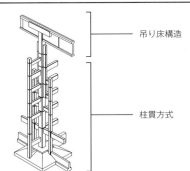

図2　アイソメトリック図

　巨大な鳥居を思わせる造形の宿泊施設であり、図2のような「柱貫方式」と「吊り床構造」の二つの構造システムが採用されている。

1　④

　下層部の組み柱は、1本の主柱と3本の添柱を貫とよばれる水平材からなる。計六つの組み柱が垂直荷重と地震力をすべて受けもつため、外壁は外力を負担せずにすむ。これにより④の階を壁のない空中庭園とすることができた。

2　室内面積の確保と眺望の獲得

　本作の二つの構造システムは、各層の機能やスケールの違いを踏まえて採用されたものだ。たとえば1,2階の吹抜けホールの組み柱は、人々の視線を垂直方向に誘導し、空間に躍動を与える効果をもたらしている。一方、天井高が抑えられた客室階に添柱が出てきてしまうと、窓辺が覆われ閉塞感が増し、客室に必要な落ち着きが損なわれてしまう。これを回避するため、⑤と⑥では組み柱をカットしたわけである。

3　床を上から吊っている

　鋼棒は⑦の大梁と連結しており、客室階のスラブを吊り下げる緊張材の役割を果たしている。これを吊り床構造とよぶ。客室の真下にある④が空中庭園となっていることで、吊り床の浮遊感が増している。

柱はいかにして空間のスケールに呼応したか？

［図1："新建築"、新建築社、第 40 巻第 4 号（1965）p. 135 をもとに作成］
［図2：菊竹清訓・川添登 編著、菊竹清訓 作品と方法 1956-1970、美術出版社（1973）p.92 をもとに作成］

45　一つの住居に併存する二つの構造の違い

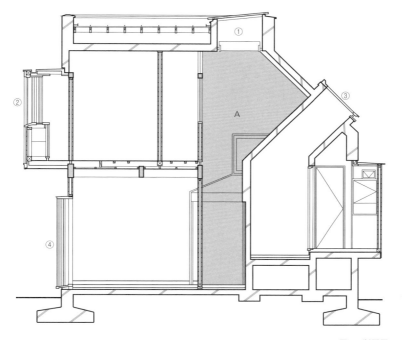

図1　断面図 1/80

問1　図1の住宅の断面図をよくみると、2種類の構造が用いられていることがわかる。図中に示された床の断面部分の中で、一つだけ他の床と異なる構造材でつくられているものがある。その箇所を指摘せよ。

問2　断面に表われた四つの開口部を①〜④で表した。この中から、問1の答えに該当する床面の構造材と同じ素材でつくられている開口部をすべて選べ。

問3　図中のAは、本作で用いられている二つの構造体に挟まれているエリアである。一見、部屋の間の残余部分にもみえるこのエリアは、実は住環境の快適性を向上させるための場にもなっている。その貢献はどのような形で果たされているか。なおヒントとして、内壁のほとんどが白く塗られていることを考慮すること。

菅野ボックス

設計者：宮脇檀
所在地：埼玉県さいたま市
竣工年：1971 年

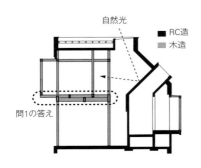

図2　断面図 1/200

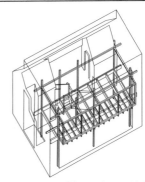

図3　アクソノメトリック図

宮脇檀が長年に渡り追求した「ボックスシリーズ」の初期の作品。1970年代の建築界では、住まいを都市の喧騒から一時離れるための砦として捉えるような住宅観が高まりつつあった。そのとき注目されたのが、耐火性能と高い強度を備えた鉄筋コンクリート（RC）造の住宅である。本作ではこのRC造のほか、ヒューマンスケールの木構造も盛り込んだ「混構造」が採用されている。原色を用いた鮮やかなインテリアも特徴だ。

1　図2のとおり
2　②と④

RC造の部分では、斜めの壁、スキップフロア、トップライトなどコンクリートの造形性が発揮されている。この自在さとは対照的に、木造部分では柱と梁が整然と組まれ、2層分の櫓を立ち上げた。木造の床とRC造の天井をもつ2階の居室は、図3のようにボックスから櫓があふれだす構成をとり、堅牢性と開放性が同時に獲得された。

3　天窓の間接光を部屋に導く

RC造と木造とが相対しているAのエリアは、混構造のシステムが表出した場所であるといえる。ここでは天窓からの光が斜めの壁に当たり、その照り映えで隣の部屋に明るさがもたらされるようなデザインとなっている。Aは住宅のコンセプトを明示する境界領域であると同時に、素朴で人間らしい生活をもたらすための空間でもあるわけである。

46 なぜ最新の美術館に過去の技術が使われたのか？

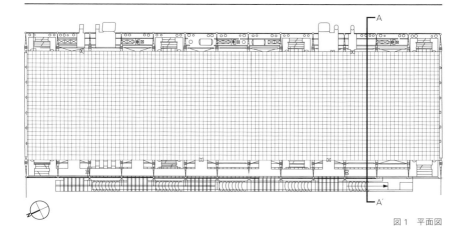

図1　平面図

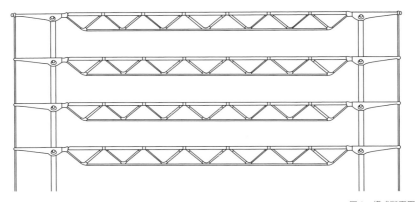

図2　模式断面図

問1　図1はある美術館の平面図である。外周に沿って配置することで可視化され、この建物のファサードを特徴づけている機能は、東立面・西立面でそれぞれ何か。

問2　図2はAA′間の構造を表した模式断面図である。19世紀の橋梁技術を用いたのは中央部分をどんな空間とするためか。また、構造においてガーブレットとよばれる部材が重要な役割を果たしたが、なぜそれは当時、過去の技術とみなされていた「鋳造」でつくられたか。なお、ガーブレットには曲げ力が働き、トラスには軸力のみが働く。

ポンピドゥー・センター

設計者：レンゾ・ピアノ＋リチャード・ロジャース
所在地：フランス、パリ
竣工年：1977年

図3　構造模式図

1　西立面には移動機能、東立面には設備機能を可視化した

　設計者は、「文化とは、親しみやすく、あらゆる人間に開かれた環境に置かれなくてはならない」と考え、内部でどんなことでも起こりうる巨大で柔軟なフレームとしてこの美術館を設計した。建築は構造・皮膜・設備からなり、それらの働きは直接的に表現され、ファサードを特徴づけている。広場側西立面には階段やエスカレーターなどの移動機能が、東立面には機能ごとに色分けされた設備機能が配置された。

2　無柱空間とするため。部品の働きをそのまま形にし、製作者の手の痕跡を残すため鋳鉄を採用した

　スパン45mの無柱空間とその両側に6mの設備ゾーンを実現するため、19世紀に開発されたゲルバー桁方式という橋梁の構造システムが採用された。図3はそれを構成する鋼管柱、丸鋼の引張材、トラス梁、そしてガーブレットとよばれる鋳鋼製の連結部分の模式図である。柱位置を支点としてトラスからの集中荷重と外側の下向き引張力が梃子の原理で釣り合っている。ガーブレットは、サイドの短スパン部分を架けわたしつつ内側へはね出して、中央のトラスをピン支持している。曲げ力が先端で0、柱部分で最大になるという力の流れをそのままガーブレットの形に表現できるよう、規格品の中から部材を選ぶのではなく鋳造による一品生産によってそれはつくられた。構造家ピーター・ライスは、テクノロジーの塊であっても市民に威圧感を与えず親しみを感じてもらうには、製作者たちの手の痕跡をディテールに残すことが重要であると考えていたのである。

47　軽くて厚い壁に収められているものは何か？

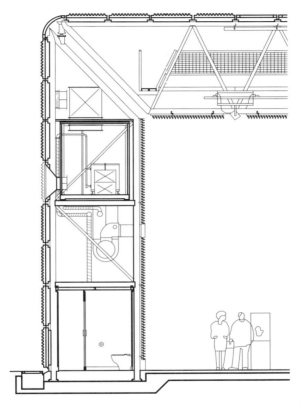

図1　部分断面図 1/80

問1　これはある美術館の部分断面図であり、壁と屋根には共通して軽量なトラス構造が採用されていることを示している。このことにより生まれた軽くて厚い壁の空間内に収められているものは何か。

問2　断面図からは、天井がとても高いこともわかる。大型の美術作品を展示するという計画的な要請のほかに、これだけ大きな気積をもつことは温熱環境的な面からどのような利点があるか。

問3　断面図上で内壁と天井それぞれに描かれているのは金属製の波型断面をもったルーバーである。内部空間に対してそれらはどのような環境的効果をもたらしているか。

セインズベリー視覚芸術センター

設計者：ノーマン・フォスター
所在地：イギリス、ノリッジ
竣工年：1978年

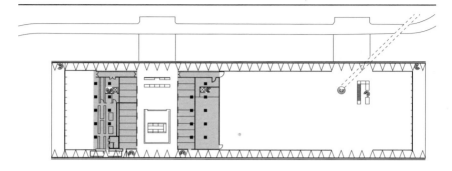

図2　平面図 1/700

イギリス東部の街ノリッジのイースト・アングリア大学に建つこの建築は、篤志家セインズベリー夫妻が寄贈した20世紀の美術作品と民族誌的コレクションを収め、大学内の学術的・社会的な焦点となるよう計画された。アートとの邂逅は堅苦しくなく楽しいものでなければならないと夫妻は考え、自身のコレクションを学生たちが日々の生活の中で自然に体験できるリビングルームのような場をつくることを依頼する。そのため、設計者であるフォスターは、一つの屋根の下に美術館、研究室、オフィス、レストランの機能を集めた複合施設として計画した。

1　厚い壁の中には「空間ではないものすべて」が収められている

壁と屋根を同じトラス構造とすることで構造自体の中に空間が生まれる。いわば軽くて厚いこの壁の中には、設備機械や付帯諸室が建築全体に均等に分散されている。トイレ・キッチン・現像用暗室などの付帯諸室は美術館に隣接した壁の最下層に、パイプ・ダクト・配線を通す空間はその直上に、暖房・換気・給水・変電のための設備機械は最上層を占めた。こうして確保されたスパン35mの一室空間は、途中2か所に挿入された中2階によってゆるやかに仕切られている（図2グレー部分）。

厚い壁に収められた設備には外部からアクセス可能なため、展示空間を使いながら設備の更新も可能である。また、厚い屋根の中をサービスアクセス路として用いることで、展

軽くて厚い壁に収められているものは何か？

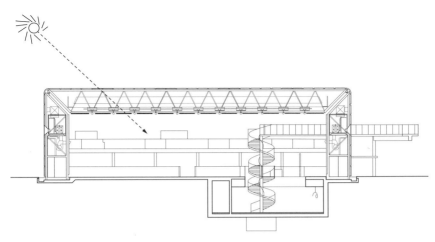

図3　断面図

示空間に仮囲いやはしごなどを置かずともメンテナンスができる。

2　空気を動かすことで空調設備を極力使わずに室温調整できる

7.5mという天井高は、いくつかの要素によって決定されたものである。ゆったりとした天井高は建物の広大な空間に見合ったものであり、大型の美術品を収納したり、中2階に十分な天井高を確保したりする要請に応えたものであった。さらには、極力、機械の力に頼らない室温調整にも貢献している。日中の暖かい空気は上部で収集され、換気設備によって夏季には排出、冬季には循環され、地上階の温度を調節するのである。

3　調光のため、また美術作品に落ち着きと変化のある背景を与えるため、半透明でありながら遮蔽物の役割も果たす波型断面をもつルーバーが採用された

フォスターが空間の質として参照したのはモロッコのカスパで見たルーバー屋根からの木漏れ日の環境である。自然換気や自然採光によって環境を調整する仕組みとして、相互に交換可能なガラスとソリッドの外装パネルと内側の波型ルーバーによる壁・屋根一体のファサードが考案された。それは調光のためだけではなく、美術作品に落ち着きと変化のある背景を与えた。

フォスターは1971年から1983年にかけてアメリカ人建築家のリチャード・バックミンスター・フラー

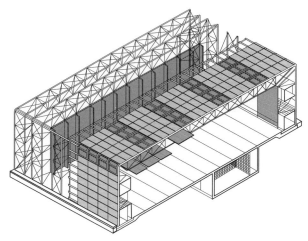

図4　アクソノメトリック図

と近しい協働関係にあった。薄い皮膜に包まれ光に満ちあふれたひとつながりのフレキシブルな空間は、do more with less（最小の資源消費で最大のパフォーマンスを引き出す）を唱え、より軽量な構造を追及したフラーの精神を継承したものでもある。

　1978年、フォスター自らの案内で本作の視察に訪れたフラーはこう質問したという。「君は自分の建物の質量を知っているかい？」フォスターはその重量を正確に計算しフラーに伝えた。地下の鉄筋コンクリート構造体が重量の80％を占め、センター本体の単位容積あたりの重量は当時最新鋭であった大型旅客機ボーイング747型旅客機よりも軽かった。その自信に満ちた答えにフラーは大変満足したという。

　その構法的な先進性ゆえに、竣工直後に外装パネルがトラブルに見舞われたこともあったが、その後もフォスターは建物と良好な関係を築き続け、自身の手によって増築・改修を施している。1988年には地下に三日月型の別館が加えられることでより多様なプログラムへの対応を可能とし、2006年にはその別館と本館が内部で接続された。建物の姿は保ったまま、軽くて厚い壁の中で設備は今日的な機能へとアップグレードされてきた。

　セインズベリー視覚芸術センターは英国ハイテック建築の頂点と評価され、2012年に保存登録建物（Grade II*）となった。事務所のアーカイブでは今も建設当初の図面を閲覧することができ、新しく加わる若い所員たちにもフォスターがフラーから継承した精神を伝えている。

軽くて厚い壁に収められているものは何か？

48　雁行する屋根の秘密

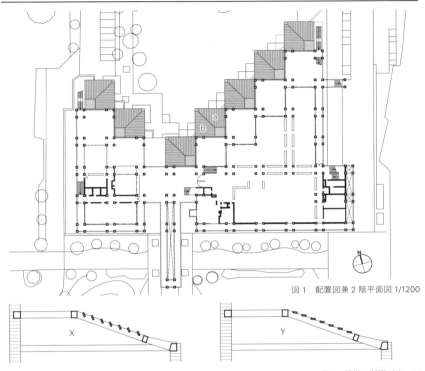

図1　配置図兼2階平面図 1/1200

図2　屋根の断面パターン

問1　図1は沖縄県にある庁舎建築の配置図兼2階平面図であり、グレーのエリアは1階の屋根の見えがかりを示している。この屋根はコンクリートの細い線材を等間隔で平行に並べてつくられている。北側の広場に面して反復的に配置されたこれらの屋根は、沖縄の気候条件を踏まえて設けられたものである。この屋根がもたらす環境上の効果を述べよ。また、この屋根の下の空間としてもっとも適しているのは①市民のための歓談・交流スペース、②重要資料の収蔵庫、③市民課の窓口のどれか。

問2　図2は図1の屋根の断面パターンを簡略に示したものである。線材の間に平板ブロックが組み込まれているが、屋根の箇所によってブロックの角度に違いがある。図1のaとbの屋根はそれぞれXとYのいずれのパターンに該当しているか考えよ。

名護市庁舎

設計者：象設計集団＋アトリエ・モビル
所在地：沖縄県名護市
竣工年：1981 年

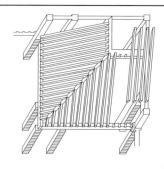

図3　屋根の構造

SRC 造の 3 階建てで、随所に亜熱帯の環境を考慮した仕掛けが施されている。コンクリート、木、土、緑を織り交ぜた沖縄らしい意匠を選択しつつ独自の世界観を生み出した。

1　日陰をつくる、①

当該の場所は北側の広場を囲み、建物へのアプローチと密接な関係を築く。それゆえ庁舎の執務にかかわる機能よりも交流スペースに適している。このエリアは図2のような半外部のパーゴラであり、沖縄古来の祭礼用建築にあやかりアサギテラスとよばれる。その屋根は植物で覆うことが当初から計画され、現在ではだいぶ緑がつながり、木陰のような日除けの場となり、広場にいる人々を誘い込む。同様のテラスは 2,3 階にもセットバックして設置され、表面積が多いギザギザの形態となっている。

2　a＝Y、b＝X

パーゴラの線材と平板ブロックにより、テラスには格子状の日陰がつくられる。XとYの平板ブロックの角度の違いは、屋根の方向に応じて効率的に日射を遮り、日陰の面積を多くとるために生じたものだ。西向きの屋根 b では、横からの西日を遮るため、平板ブロックが垂直に置かれた。一方、北向きで西日の心配がない屋根 a では、太陽高度が高い時間帯の日差しを遮るため、平板ブロックを水平に寝かせている。

49　風通しのよい建築にするための工夫とは？

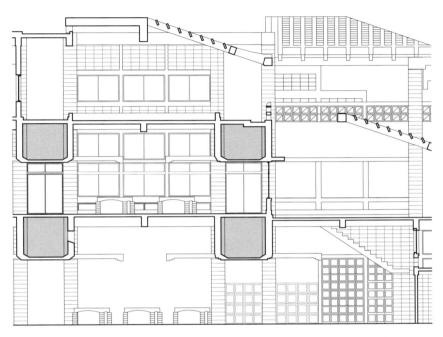

図1　断面図 1/200

問1　図1は前項の建築の東西断面図の一部である。図中にグレーで示した四つの空洞は、建物を南北に貫く約2m×2mのチューブとなっており、ファサードにも開口部として表れる。このうち左下の空洞からは、室内とチューブの間に小さな開口が設けられていることも読み取れる。このチューブにはどのような環境的工夫が凝らされているか。

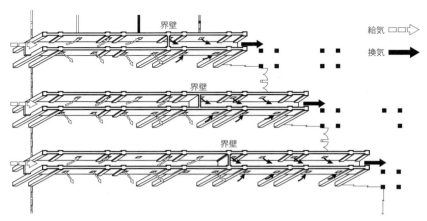

図2 チューブの構造

本作では前項のパーゴラのほか、穴空きブロックによって手すり部分に日除けと通風の機能を与えたり、土を盛り芝生を張ることで屋上の断熱効果を高めたりといった、地域の資源を活かした環境上の工夫が随所に組み込まれている。図1のチューブもその一つで、「風の道」とよばれている。

1　給気と排気のためのダクト

ここでの大きなポイントは、チューブが東西方向ではなく南北方向に伸びているということである。これにより名護湾から吹いてくる南風を取り入れているのである。チューブの中央には図2のように界壁が設けられているため、とりこまれた空気は風上側のチューブから室内に供給されていく。このとき室内に元々滞留していた暖かい空気が、圧力差によって風下側のチューブへ追い出され、外部へ排気される。建物の開口部のみを用いたこの給排気の工夫は、原理上は常に稼働させることができるため、当初は夜間のうちに建物の躯体を内部から冷やす効果も期待されていた。チューブは計8本あるため、その効果は局所的ではなく建物全体に及ぶ。現在はエアコンを使用しているものの、設計当初は冷房装置に頼らず建物のヴォリュームの大きさを活かして環境を制御することが企図されていたのである。

50　自然のサイクルをいかに利用するか？

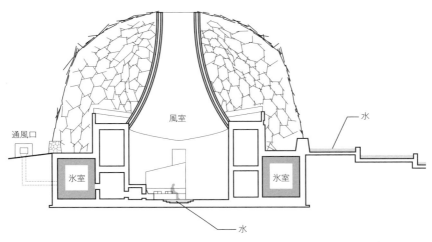

図1　断面図 1/250

問1　図1は六甲山上に建てられた、瀬戸内海を望むことのできる展望施設の断面図である。ステンレスと檜によるドーム状の外皮が目を惹く外観で、地下には氷を貯蔵する氷室が設けられている。この氷室は図中の「風室」と記された空間にどのような効果をもたらしているか。

問2　氷室用の氷をつくる場所が図1のどこかに記されている。該当する箇所を指摘せよ。

問3　地下の風室の床に設けられた水盤の水は、氷室の氷が溶けて流れてきたものである。この水を風室の外に出すための方法について、断面図からわかる情報のみを頼りに考えよ。

六甲枝垂れ

設計者：三分一博志
構造＆ジオメトリーエンジニア・環境：Arup
所在地：兵庫県神戸市
竣工年：2010 年

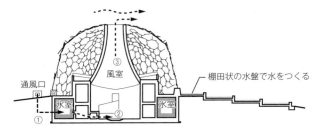

図2　断面図 1/500

　六甲山の標高およそ 900 m 地点に建つ展望台である。木の幹に似た円形のヴォリュームを網状のドームが覆う構成となっている。冬になるとドームの各部材には、周囲の木々の枝と同じように樹氷の着氷が発生する。ドームのディテールは周囲の木々の枝の太さや空気の速度と湿度の測定値と現地モックアップテストを経てデザインされたものだ。

1　夏に風室の温度を下げる効果

　展望台からやや離れた場所にある通風口は、山上の風を氷室内に導くためのものだ（図2①）。
　氷室と風室は小さな開口でつながっており、ベンチの横から冷たい空気をもたらす（図2②）。これにより、風室に冷却効果を得た新鮮な外気を供給しているのである。

2　棚田状の水盤

　図中の棚田状の水盤は、夏季には水が張られ、涼しげな風景をつくり出す。冬は水盤一面が凍るため、この氷をブロック状に切り出して、氷室へ収めている。水盤の面積は溶融してしまう分も含めて夏季に冷風をもたらすのに十分な氷量を採氷できるよう決められている。氷を解けにくくするため、水盤の素材には日射反射率の高い白い石が用いられた。

3　外部風の力を利用した風力換気により風室を通る風によって水を気化させる

　風室の床のくぼみにたまった水は、風室を通る風と触れることにより気化され、上部の直径 2m の開口から外部へと放出される（図2③）。

51　一続きのルーバーの効用とは何か？

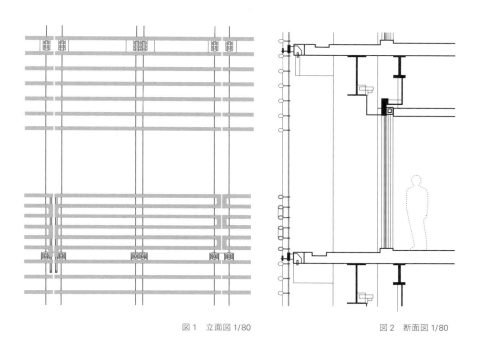

図1　立面図 1/80　　　　　　　　図2　断面図 1/80

問1　図1はある高層オフィスビルの北東側ファサードの立面図と窓辺の断面図の一部である。立面図上にグレーで示したルーバーに注目すると、ただ線材を等間隔で平行に並べているだけでなく、一部が上下で一続きとなるデザインであることがわかる。その箇所を指摘せよ。

問2　問1の答えに該当するルーバーは、夏場になると内部の管に水が流れる仕組みとなっている。これは環境上のどのような効果を見込んだものといえるか。ヒントとして、この部分のルーバーが多孔質のテラコッタでつくられていることを踏まえて考えよ。

NBF 大崎ビル

設計者：日建設計
所在地：東京都品川区
竣工年：2011 年

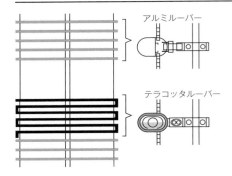

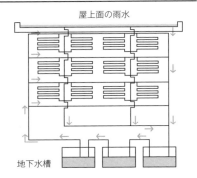

図3 立断面図（左：1/150、右：1/15）

図4 雨水循環システム

地下1階、地上25階のオフィスビル。各階は執務部分と設備部分を明確に分割したプランで、このうち前者は 3,000 m² の無柱空間となっている。高層ビルには珍しく窓側にバルコニーが設けられ、メンテナンスや災害時の避難路として活用されている。設計にあたり、気流・温熱の解析や効果的な樹木の配置を検討するために、コンピュータシミュレーション技術も導入された。

1　図3のとおり

約 140 m 四方に広がる北東側のファサードではルーバーが整然と並べられ、反復的なリズムを生む。このうち図3のテラコッタルーバーは、外観を単調なものにしないためのアクセントとなるほか、答2で述べる水の循環路の一部を形成してもいる。さらにバルコニーが災害時の避難路となることを想定し、安全性を高めるための手すりとしても設計されている。

2　建物の表面とその周囲の温度を下げるのに役立っている

このファサードには図4のような雨水の循環システムが導入されており、問1のルーバーにも水が流れる。素材に多孔質のテラコッタが採用されているため、雨水はルーバーから少しずつにじみ出す。にじみ出した雨水が日射によって蒸発する際の気化熱を利用し、建物の表面とその周囲を冷やしているのである。京都の街中などでみられる「打ち水」の原理を活かしたアイデアだ。

一続きのルーバーの効用とは何か？

52　古代の仏堂にみる技術革新とは何か？

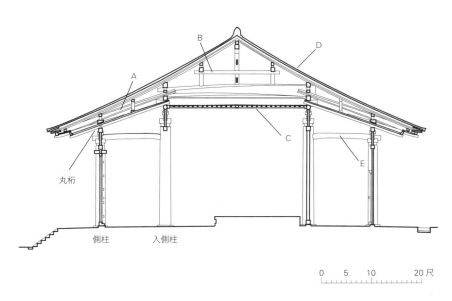

図1　現状梁間断面図

問1　この仏堂の小屋組に用いられた桔木(はねぎ)は、梃子の原理により屋根荷重を支えている。その部材をA～Eの中から答えよ。また、桔木はある部材が用いられることで使用することが可能となった。その部材をA～Eの中から答えよ。

法隆寺大講堂

所在地：奈良県生駒郡
竣工年：990 年

図2　復原矩計図

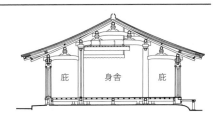

図3　法隆寺伝法堂現状梁間断面図

1　深い軒の出を支えるため、野小屋に桔木という部材（A）を設け、丸桁を支点に軒の荷重をはねあげている。この桔木は、天井（C）が用いられて野小屋が完成したのちに登場した

990（正暦元）年に造営された法隆寺大講堂は、身舎・庇構造を主体とする古代建築で、天井を張ることで野小屋と軸部が分節された古い事例の一つである（図2）。そして、後の中世の修理時に、深い軒の出を支えるため、野小屋に桔木という部材を設け、丸桁を支点に軒の荷重をはねあげている。梃子の原理を用いた日本建築にみる技法の一つである。

この桔木の発生を考えるにあたり、身舎・庇構造と野小屋の存在が大きな鍵となる。

身舎・庇構造とは古代建築の基礎的な架構形式である。奈良時代に創建された法隆寺伝法堂は、柱と梁で主体となる身舎を組み、梁上に束や蟇股などを置いて屋根荷重を支える（図3）。棟と身舎それぞれの中央が一致しているのも大きな特徴だ。そして、側柱上の梁を入側柱につないで庇をつくり、屋根荷重を支えながら空間を梁間方向に拡張している。

野小屋とは、天井で屋根裏が見えなくなった小屋組のことである。法隆寺伝法堂のような天井がない事例では、小屋組の部材がほとんど目に入るため、梁下の柱・梁と梁上の束・扠首・梁との位置を揃えるなど、デザインの整合性をとる必要があった。しかし、天井を張ることで、小屋組と軸部との間の整合性をとる必要が、さらには小屋組内の部材を綺麗に仕上げる必要がなくなった。そのため、野材を用いた構造補強や、雨仕舞いのための屋根勾配の調整が容易になった。これら技術革新のおかげで、中世の修理時に桔木を新たに施すことが可能となったのである。

古代の仏堂にみる技術革新とは何か？

53 天井を高くすることができたのはなぜか？

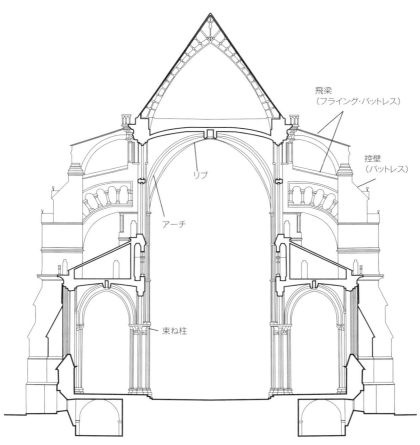

図1 断面図 1/400

問1 図面は、建設当初からの青いステンド・グラスが多く残されていることで有名な、フランス中世のある聖堂の断面図である。神聖な内部空間の垂直性を強調するために、図中の各部材にはどのような視覚的な工夫が施されているだろうか。また、天井を高くするための構造上の工夫も説明せよ。

シャルトル大聖堂

所在地：フランス、シャルトル
竣工年：1250年頃

図2　彫刻が置かれた控壁

古くから聖母信仰で有名な巡礼地として知られるシャルトルの丘の上にそびえ立つこの大聖堂は、1194年の火災後に改築されたもので、フランス盛期ゴシック様式の代表例である。保存状態が良好な「シャルトル・ブルー」といわれるステンド・グラスでも有名である。

1　尖頭アーチやリブ、束ね柱を用いることで視覚的には垂直性が強調され、飛梁（フライング・バットレス）を用いることで構造的にも広い開口部と高い天井が設けられるようになった

ラテン十字形の三廊式バシリカ平面で、身廊の天井高は約34mあり、10階建てのビルと同じくらいの高さである。身廊の内部立面について下から順にみていくと、側廊と境界をなす大アーケードの上に、側廊の小屋裏部分にあたるトリフォリウム、そしてステンド・グラスで飾り立てられた高窓（クリア・ストーリー）からなる3層構成である。天井は四分ヴォールトで覆われ、床面から天井のリブまで連続する束ね柱を備えた最初の例として知られている。束ね柱は縦に細分化されることで、古典主義建築のオーダーのような量塊性が弱められ、さらに尖頭アーチやリブとともに使用することで、視覚的に垂直性が強調される。英語の「リブ」は「肋骨」という意味であるように、ゴシック建築はまるで骨と皮（ガラス）からできた高層ビルの先祖のようである。

しかし、構造的に重要な役割を果たしているのは、側廊の外壁に設け

天井を高くすることができたのはなぜか？

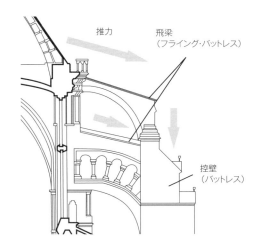

図3 推力を流す構造

られた控壁（バットレス）と、そこから身廊の外壁に連結されたアーチ状の飛梁（フライング・バットレス）の存在である。ゴシック以前のロマネスク様式の聖堂では、身廊のヴォールト天井から横に広がる推力を押さえるためには身廊の壁を重厚にする必要があったが、その場合には天井高も低く、窓も小さな暗い空間にならざるをえない。

一方、本作のようなゴシック様式の聖堂では、図3のとおり身廊のヴォールト天井の推力がフライング・バットレスを介してバットレスへと流れるので、身廊の天井高を高くして、窓の面積を広くとることができるようになったのである。聖堂とは神の家であり、神は光というコンセプトが実現されたのであった。

図4 西正面外観

構造を考える／環境を調整する

121

増改築する

既存の建築に手を加え、新たな空間や機能を導入する事例は、リノベーションやコンバージョンとよばれ、近年の国内の建築雑誌でもたびたび紹介されている。建築の歴史的価値への関心の高まりや法規上の要請など、その背景はさまざまであり、解法も多岐に渡る。いずれにせよ増改築のプロジェクトにおいては、既存の建築図面が設計の与条件を策定するための重要な資料として扱われ、建築の過去と現在を媒介する役割を担っている。

54　ギザギザした屋根の不思議

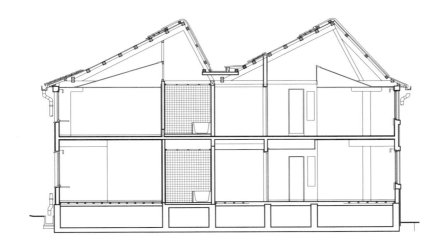

図1　断面図 1/150

問1　図1はあるホテルの断面図である。このホテルは、用途がまったくといっていいほど違う建物を改修して建てられた。元々は平屋であった建物を2階建てとしているが、1階と2階で天井の高さが違い、とくに2階は低いところで2mしかない。この建物の元来の用途を答えよ。

問2　屋根は、ギザギザした特徴的な形をしている。これは、元々の建物の使われ方に大きく関係している。では、一体なぜこのような形になっているか、その目的を答えよ。

倉敷アイビースクエア

設計者：浦辺鎮太郎
所在地：岡山県倉敷市
竣工年：1974 年

図2　休息広場北側［出典："都市住宅"、鹿島出版会、82号（1974）p.8］

ゆったりとした倉敷川のほとりを歩く。この川も、江戸時代は荷物を載せた商船の往来でにぎわったのだろう。そうした近世の街並みの中に、旧倉敷町役場（1917年）、そしてギリシャ神殿を思わせる大原美術館（1930年）が姿をのぞかせる。江戸・明治・大正・昭和と、多様な時代の建物が顔をそろえる街並みは、長い時間をかけてゆっくりと醸成された貴重な文化資源である。この景色を目当てに、いまは観光客の往来が街をにぎわせる。さて、喫茶エル・グレコ（1926年）で少し休んで、もうちょっと遠くまで散歩しよう。

車道に出て折れ曲がると、そこには高く長い煉瓦の塀が続いている。その煉瓦壁に沿って歩いて行くと、「KURASHIKI・IVY SQUARE」と書かれた看板が掲げられている。そう、塀だと思っていたこの壁こそ、ホテルの建物だったのである。

1　このホテルは、紡績工場を改修してつくられた。もともとは平屋だが、改修にあたり客室を2層分確保している。そのため、少し無理をしながらも、2階は、むしろ高いところで3mの斜めの天井にし、圧迫感を感じない設計の配慮がされている

倉敷アイビースクエアは、1974年に竣工した文化施設や工房を含むホテルである。このホテルは、クラボウの旧倉敷本社工場を改修して建設された。近世まで代官所が置かれていた土地に、1889（明治22）年に紡績工場が竣工し、その後、拡張・改修を重ね大きな工場を形成していた。戦時中は軍需工場などとして利用されていたが、戦争が終わるとそ

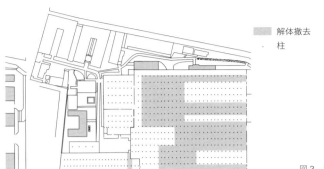

図3 旧工場実測図

の役目を終えた。その後、1965（昭和40）年代に入ると、倉敷の風景を目当てに観光客が徐々に訪れるようになった。そうした中、この工場の再活用の検討が行われた。規模があまりに巨大すぎることもあり、取り壊して新築する、という意見もあったという。しかし、この工場はクラボウにとっても創設の地ということもあり、改修によって生まれ変わらせることが決まった。

この建物は、外周は煉瓦壁で取り囲まれているが、内部は木造軸組でつくられている。改修にあたって、まず歴史調査が行われた。その結果、旧工場を取り巻く煉瓦壁や、建設当初の遺構はそのまま残すことが決められていった。明治の遺構は、現在でも文化施設や工房を併設するホテル「アイビースクエア」として利用されている。

改修は、この歴史的建造物への配慮と、さらに街の景観への配慮が求められた。その設計は、浦辺鎮太郎に託された。浦辺は、外壁はそのまま、中の建物の一部分をくり抜いて広場を設けるという大胆な手法をとった。また、元々平屋である工場を客室は2層にした。少々低くなる天井は、鋸屋根の形を活かして、斜めの天井とした。こうした、もとの建物の形の魅力を援用しながら、工場からホテルへ、大変身を成し遂げたのである。

浦辺は、1909年に倉敷で生まれ、岡山第一中学校で後にクラボウの社長を務める大原總一郎と机を並べる。この出会いが、倉敷の街に数々の浦辺建築を生み出すこととなる。大原の口添えもあり、倉敷絹織（現在のクラレ）に入社し、28年間、営繕技師として工場建築や従業員の施設を手がけた。そうした仕事の一方で、大原家の社会事業もまた、建築家として支えた。使われなくなった米蔵を再利用した倉敷考古館

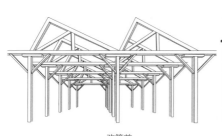

改築前　　　　　　　　　改築後

図4　宿泊棟構造透視図

（1950年）に始まり、大原美術館分館（1961年）、倉敷国際ホテル（1963年）と作品を残していった。倉敷が未来に必要としているものを大原が読み解き、それを浦辺が具現化していった。街に埋もれるでもない、その特徴的な意匠で倉敷固有の文化をつくっていった。

2　ギザギザした屋根の形式を「鋸屋根」とよぶ。ギザギザと屋根をかけていくことで、一つの大きな屋根で、敷地いっぱいに工場を建てることができる

鋸屋根の形式は、産業革命のイギリスで生み出されたといわれている。日本でも、明治の殖産興業政策の中で重要な役割を担った、紡績工場や織物工場に用いられた。倉敷アイビースクエアも、もとはそうした紡績工場であり、ホテルであると同時に近代化産業遺産にも認定されている文化財である。

鋸屋根にすると、必要に応じて、そのギザギザを継ぎ足していけばいいので、生産量の増大にあわせて工場の規模の拡大していくことに適していた。この山を「連」とよび、クラボウの旧倉敷本社工場も、継ぎ足し継ぎ足し10連以上もの鋸屋根がつくられた。屋根には天窓を設けられ、日中、工場全体に太陽光を取り入れていた。また窓は、北側の勾配に向けて設けることで、一日中安定した光を取り入れていた。これは、織物工場で製品の品質チェックを、安定した基準で行うためであるといわれている。

鋸屋根は日本各地にみられる。特に桐生では鋸屋根の建物を活かしたまちづくりが行われている。また、群馬県新町に現存する旧新町紡績所（現在のクラシエ新町工場）の鋸屋根は、2015年に重要文化財に指定されるなど、その歴史的評価が始まっている。

55　なぜ構造が二つあるのか？

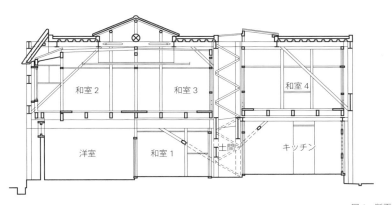

図1　断面図

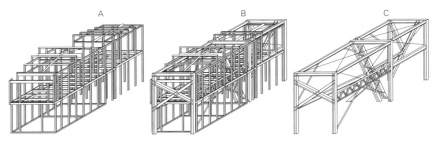

図2　軸組アイソメトリック図

問1　これらは100年近い歴史をもつ町屋の断面図と軸組図である。この建築に育った建築家が改修し、事務所として再生させた。図2のA、B、Cのうち、どれがオリジナルの状態か。また新しく加えた構造を示すのはどれか。そして両者が重ね合わせられた図はどれか。

問2　Cは何構造であるか。

問3　部屋の空間の中を新しい材が斜めに突っ切っているところはどこか。部屋名を答えよ。

「ゼンカイ」ハウス

設計者：宮本佳明
所在地：兵庫県宝塚市
竣工年：1997年

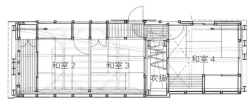

図3　2階平面図

1995年の阪神淡路大震災で「全壊」の判定を受けた家屋のリノベーションである。当時、全壊判定を受けた建物は公費の解体が一般的であり、一度は解体を考えたが、最終的に改修を通して保存する道を選んだ。改修・保存によって震災当時の様子を残す記憶の器としての機能も兼ねている。

1　もとの状態はA、新しく補強したのはC、両者を合成したのがBである。すなわち、A＋C＝B
2　鉄骨造

直方体の中に短いスパンで均等に並んでいる柱や梁などの構造をもつのが、オリジナルの木造の構造体である。そして大きなスパンでより太い部材の長方形のフレームをつくり、三角形のトラス材を組み合わせたり、斜め方向に向いた大小のブレース材を加えたのが、鉄骨の部分である。もっとも複雑にみえる図面が、両者の重なった改修後の状態を示す。設計者によれば、家の中に家を建てるプロセスであり、完成後は鉄骨がメインの構造で、木造は構造の役割を終え、造作として生き残ることになった。

3　土間、和室1、キッチン

軸組図をみると、複数の斜め線がみつかるが、斜め線が壁伝いに伸びるのではなく、部屋の中の空間を横断している箇所に限定すると、土間、和室1、キッチンが該当する。特に断面図において、これらは斜め線が破線となっていることから、図面の手前に突き出し、空間を横切っていることがわかる。古い家屋に鉄材が貫入し、異なるスケール感の新旧の構造が衝突するダイナミックな空間となった。土間の吹抜けの垂直のトラス材は水平力を負担している。

56　なぜ鉄骨の位置が階ごとに移動しているのか？

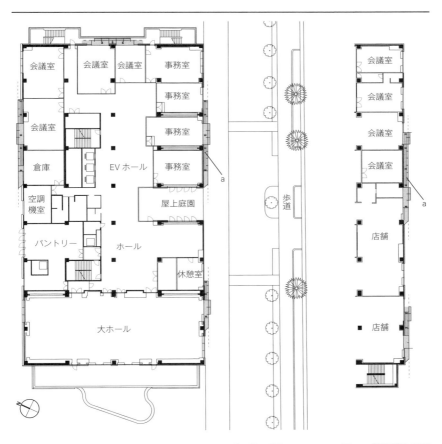

図1　配置図兼4階平面図 1/700　　図2　3階平面図 1/700

問1　この建築は耐震改修を行ったビルであり、鉄骨の補強フレームを四周の壁にリボンのように巻きつけるというユニークな方法がとられた。図1はその4階平面図で、耐震補強した箇所をグレーで示した。外壁のうちもっとも人々の目に触れるのは、道路に面した南立面である。図2は3階平面図の一部であり、両図の南側の外壁まわりのデザインを見比べると、4階の耐震補強した位置が3階に対して全体的に東にずれていることがわかる。これは先述したリボン状の補強フレームに起因するものだが、とりわけ図中のaで示した補強フレームのずれは、外観のどのような点を考慮したものか。

浜松サーラ

設計者：青木茂
所在地：静岡県浜松市
竣工年：2010 年

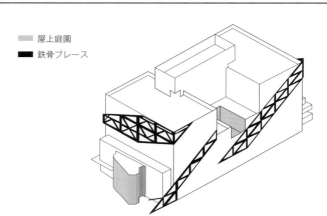

図3　アクソノメトリック図

　黒川紀章が1980年代に設計した7階建てのビルを改修し、店舗やオフィスを収めた複合施設へと再生(リファイン)した。ガルバリウム鋼板で覆われた銀色のヴォリュームに、緑のフィルムを貼ったガラスがリボンのように巻きつく外観となっている（図3）。このリボンのフレームは耐震補強のためのもので、鉄骨の斜材（ブレース）を入れてつくられている。4階はもっとも補強を必要とする階であったため、フロア内部にも鉄骨が入れられている。

1　鉄骨によって4階の屋上庭園の外形が崩れたり、そこからの眺望を妨げてしまうことを避けたデザインとなっている

　既存の構造は1階〜4階がSRC造、それより上階がほぼRC造であり、後者のほうが耐震補強の必要性が高かった。そこで上部では鉄骨の太さや本数を増し、リボンの帯を角に巻き込ませるような形状とした。
　一方、地上階は補強が少なく、リボンの端部を建物の外側に飛び出す形で設置し、入口や窓の面積を可能な限り確保した。
　問題の4階で鍵となっているのは、メインファサードである南側に面し、さらにプランの中心軸を形成している屋上庭園である。この庭園に鉄骨が張り出さないようにリボンの角度を調整した構造デザインとすることで、眺望の確保と既存建築の輪郭の維持を果たしたのである。

57 中世仏堂はどのように空間が拡張されたのか？

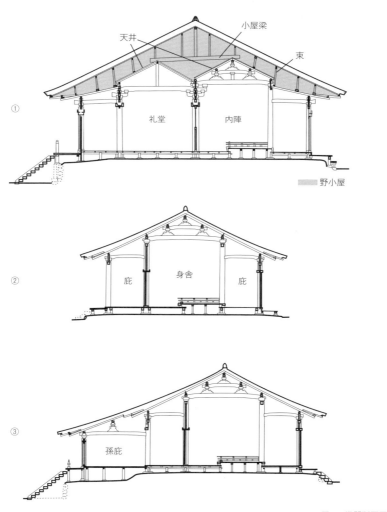

図1 梁間断面図

問1 この仏堂は増改築を繰り返すことで空間の拡張が実現した。①、②、③の図を時代順に並べ、各プロセスの特徴を説明せよ。

当麻寺曼荼羅堂

所在地：奈良県葛城市
竣工年：1161 年

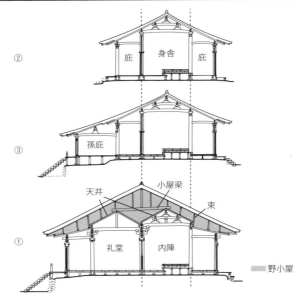

図 2　解説図

1　②→③→①
身舎・庇構造の建築のもと、まず前方に孫庇を付加した。その後、庇と孫庇を撤去し、双堂形式に架構を並べ、天井を用いて野小屋を設け、小屋梁と束を組み、寄棟造の仏堂を完成させた

現状の当麻寺曼荼羅堂（本堂）は、1161（永暦 2）年に修理されたものが基盤となる。これ以前の修理履歴をたどると、どのように古代建築の空間が梁間方向へと拡張していったのか、その歴史の一端を理解することができる。

まず平安時代初期、別の建物の古材を用いることで、法隆寺伝法堂のように身舎・庇構造の建築を創建した（②）。そして、9 世紀後半から 10 世紀頃、前方の庇に孫庇を付加し、空間を梁間方向へと拡張した（③）。しかし、この修理により孫庇の軒先が極端に低くなり、雨仕舞い上不利な形態となり、出入りも不便となってしまった。

これを受け、1161 年、庇と小屋組全体を大きく改造した。まず、庇と孫庇を撤去し、法隆寺食堂・細殿（図 3）のように建物を双堂形式に並べた。そして、天井を用いて野小

図3 法隆寺食堂・細殿
現状梁間断面図（双堂形式）

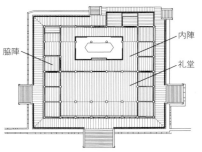

図4 現状平面図

屋を設け、内部で小屋梁と束を組み、勾配を調整しながら屋根の荷重を支え、寄棟造の仏堂を実現させた（①）。このように当麻寺曼荼羅堂は、創建から1161年までの間、身舎・庇構造や双堂形式を活用しながら、野小屋の中で屋根荷重を巧みに支えることで、一つ屋根の下、空間を梁間方向へ拡張させることに成功したのである。

この空間拡張により平面の機能も多様化した。当麻寺曼荼羅堂は空間が格子戸で区切られ、「内陣(ないじん)」と「礼堂(らいどう)（外陣）」とよばれる室を内包する。この新しい平面形式をもつ仏堂を「中世仏堂」とよぶ（図4）。

古代から中世にかけて、寺院の組織はしだいに複雑になり、僧たちの身分はさまざまに分化した。また、平安時代以降、僧たちは密教と顕教とを広く兼学し、法会の種類も増加した。その法会も、古代では堂内のほか前庭・回廊・中門などで行われていたが、中世になるとその会場が堂内に集中するようになった。このような変化に対応するため、仏堂の空間をさまざまに使い分けたいという需要が生じた。

空間を使い分ける様子は、僧の規則を明文化した寺院法にうかがうことができる。寺院法とは各寺院が独自に定めたもので、律令制下で中央が定めた僧尼令の代替として、平安時代後期から規制力をもつようになった規律である。この中で、法会の種類や身分の別により、着座の位置や使用する室がさまざまに定められた。時代が下ると、中世仏堂では内陣と礼堂のほかにも後戸(うしろど)、脇陣、局(つぼね)、堂蔵(どうぐら)とよばれる室が新たに設けられ、参籠(さんろう)や参詣(さんけい)のほか、収納など多様に使い分けられるようになった。建築の技法と機能には密接な関係が見え隠れしているのである。

[図1-2 ①,③：奈良県教育委員会事務局文化財保存課編、国宝当麻寺本堂修理工事報告書、奈良県教育委員会事務局文化財保存課（1960）第二八図、同 附図II 第二図をもとに作成]
[図1-2 ②③：岡田英男、日本建築の構造と技法 [上] 岡田英男論集、思文閣（2005）図33,38をもとに作成]

独特の図面表現を知る

大学の設計課題では、製図や模型を仕上げるだけでなく、プレゼンテーションを通じて設計の意図を他者に伝える技術も問われる。提案のリアリティを増すための方法の一つに、図面に陰影や色彩を加えたり、人物などの添景を効果的に配置したりといった表現上の工夫がある。本章ではそうした図面表現の中でも、とりわけ独創的な事例について考えてみたい。建築家たちが図面に込めた、思想と表現との密接な関係をひもといていこう。

58　外構と建築を区別できるか？

図1　地上階平面図 1/350

問1　図1はある国際展覧会の日本館の地上階平面図である。草木や敷石や池などの描き込みが圧倒的であると同時に、寸法や敷地の高低の数値が設計の緻密さを物語っている。図1のどこかに四つの柱に支えられたピロティが設けられている。この四つの柱の位置を示せ。

問2　この建物の展示室は問1のピロティの上にある。そのため建物には2階からアクセスするようになっている。図中の地点①にいるとき、階段②を経由せずに2階の入口手前にある階段③に辿り着くための経路を示せ。

問3　ピロティ中央の点線の正方形は、天井面のあるものを示している。これは何か。ピロティには横から光が入りにくいことを手がかりに考えよ。

ヴェネチア・ビエンナーレ日本館

設計者：吉阪隆正
所在地：イタリア、ヴェネチア
竣工年：1956年

図2　解説図 1/800

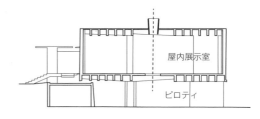

図3　断面図 1/400

数年おきに開催される美術展・建築展のための展示館。既存の樹木や地形の起伏を残し、自然の中に建築を溶け込ませた。図1は吉阪に師事した大竹十一が後年制作したもの。

1　図2のとおり
2　図2のとおり

図1では建物の存在感が抑えられており、切断部分はピロティを支える楔形の四つの壁柱のみである。

①の右手にある階段を下り、壁柱の間を縫いながらピロティで彫刻を鑑賞後、奥の階段を経由して裏庭の飛石を辿ると③に至る。2008年の建築展では、この庭園に石上純也が4棟のガラスの温室を設計した。敷地の微細なスケールを徹底的に読み込み、吉阪が練り上げた自然と建築の豊かな関係を極限まで増幅させた。

3　屋内から光を導く開口部

図3のとおり、ピロティの天井には約175 cm角の開口が設けられ、展示室の天井に供されたガラスブロックを通じて入ってくる自然光を、そのまま地上階まで導いている。さらに展示室の中央部にも開口を設けたことで、視線が地上から空まで一直線に抜け、展示室の換気も行えたが、後に美術展では使いづらいとの理由で、この穴はしばらく塞がれてしまった。しかし磯崎新がコミッショナーを務めた1996年の建築展において、床と天井の穴を再び開き、ここに阪神淡路大震災の瓦礫を詰め込んでみせた。以降の展覧会では、たとえば2011年の美術展ではアーティストの束芋が井戸に見立てるなど、美術・建築の双方で積極的に活用されるようになった。

外構と建築を区別できるか？

［図1,2：アルキテクト 編、DISCONT 不連続統一体 吉坂隆正＋U研究室、丸善（1998）p.65 より作成］

59　アイレベルの決め手は何か？

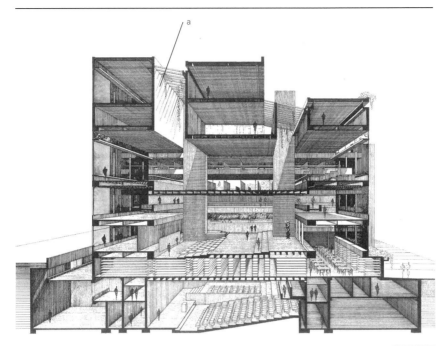

図1　断面透視図

問1　図1はある大学施設の断面透視図であり、影の濃淡を表現することで空間の奥行きが強調されている。図中のaの壁面はひときわ明るく描かれているが、このような表現が採用された理由を答えよ。

問2　この図は一点透視図法で描かれているため、図中に描かれている斜め線を延長させると必ず1点で交わるようになっている。これは一般的に消失点とよばれ、透視図を捉えている目線の高さを示す。図中で断面が見えている床のうち、消失点の高さにもっとも近い位置にあるものはどれか。

問3　本作は鉄筋コンクリートの壁式構造でつくられており、透視図の奥の方にそびえている2本の壁柱はその構造の一部である。問2の位置に消失点を設定したことは、この壁柱の表現にどのような影響を及ぼしているか。ヒントとして、消失点の位置がより上方、または下方に設定された場合、表現がどのように変わるかを考えること。

イェール大学
建築芸術学部棟

設計者：ポール・ルドルフ
所在地：アメリカ、コネチカット州
竣工年：1963年

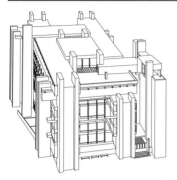

図2　アクソノメトリック図

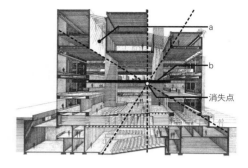

図3　解説図

この大学で教えていたポール・ルドルフが設計した教育施設。図2にみられる約20の壁柱が各階の平面を構成している。内部は複雑なスキップフロアで、階高に応じてホールやスタジオ、図書室、講堂などの諸室が収められた。

1　天窓からの光の表現

aの壁は2層分の高さをもち、透視図の中でも特に面が広く出るように描かれている。壁柱とヴォリュームの間に供された天窓からの光が、aの壁面を明るく照らし出している。この表現によってコンクリートの重々しさが軽減され、上階にあるにもかかわらず、ヴォリュームに浮遊感がもたらされた。

2　図3に示したbのとおり
3　スラブの面が出なくなることで壁柱の垂直性が強調された

消失点は図3に示したとおりで、この場所にはちょうど人影が立っている。床bはこれとほぼ同じ高さに配置されているため、透視図上にはその床面が出てこなくなる。実際の床bは上下のフロアを分断する存在なのだが、透視図上で床面をみせなくした結果、壁柱の垂直方向における連続性が明快に打ち出された表現となった。ちなみに壁柱に描かれた縦縞も垂直性の演出の一つだが、単なる陰影表現ではなく、荒削りで仕上げたコンクリートの線条痕を表している。この図面表現は、当時の学生に多大な影響を与えた。

［図1,3：Paul Rudolph, Bauten Und projekte, Hatje Cantz Verlag（1970）p.130 より作成］

60　平面図？立面図？それとも断面図？

図1　納骨堂と共同墓地の図面

問1　このドローイングは、ある建築の配置図、平面図、立面図、断面図を同一の図面の中に一緒に並べた特殊な表現を試みている。立方体の構造体は納骨堂、円錐型の構造体は共同墓地である。納骨堂、共同墓地それぞれの配置図、平面図、立面図、断面図がどこに描かれているか示せ。

サン・カタルド墓地

設計者：アルド・ロッシ
所在地：イタリア、モデナ
発表年：1971年

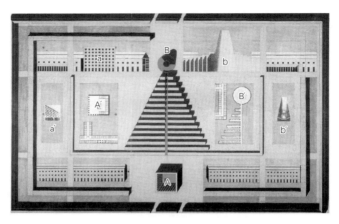

図2　解説図

イタリア北部モデナ、シーザー・コスタ設計による旧サン・カタルド墓地（1858年）の隣地に対をなすように増設された郊外型墓地。コの字型の回廊式霊廟、立方体の納骨堂、円錐型の共同墓地、ピラミッド型平面に並ぶ墓石、地下のグリッド状の墓地から全体が構成される。現在、計画の一部が完成している。

1　図2と下記表参照

	配置図	平面図	立面図	断面図
納骨堂	A	A'	a	a'
共同墓地	B	B'	b	b'

ロッシはタイポロジーという概念のもと、墓と住宅は根源的に同じ形態的類型に属することを指摘し、「死者の家」という概念を提示した。立方体の納骨堂には正方形の開口部が連なり住宅を連想させるが、そこには屋根も床もなく、それらを必要としない死者のための空間であることを強く意識させる。順路の終点として計画された円錐型の共同墓地は、その煙突のような形状が火葬を想起させ、死のイメージを濃厚に漂わせる。こうした住宅と同時に死を思わせる形態の集合によって、死者のための都市がつくりあげられている。

平面図？・立面図？それとも断面図？

[図1,2：© Eredi Aldo Rossi, courtesy Fondazione Aldo Rossi]

61　建築を用いた作劇法のルールとは？

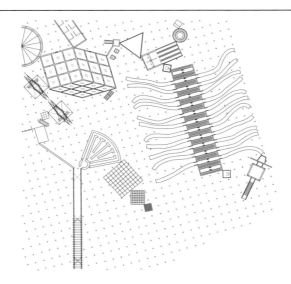

図1　配置図

3　薔薇の女 (薔薇小屋)	彼女はかつてイタリアで白薔薇を栽培していたが、今ではベルリンの木小屋で黒薔薇を育てている。その薔薇は小径に置かれた錫の器の中に花びらを落としていく。やがて彼女の全身には、両目だけを残して薔薇の蔦が巻かれることになる。
4　鉄工職人 (金属花の壁)	彼は薔薇の咲く様子をさまざまな角度から描く。花が成長し終えるのを見届けると、加熱・鍛金・切断してつくった金属製の薔薇を鉄壁に取りつける。薔薇の女の香りと冷たい鉄の匂いとが混ざりあう中、彼は彼女のための衣装を仕立てる。
62　時間記録係 (観覧車時計)	二つの大観覧車の運転手。ゴンドラには数字が当てられ、大時計として時を刻んでいる。時計回りに動くゴンドラには人間が、もう一方の反時計回りのゴンドラには獣が入れられている。両者の視線が重なるとき、獣の咆哮がこだまする。

図2　立面図のリスト

問1　図1はベルリンのゲシュタポ本部跡地における計画案の配置図の一部である。碁盤目状の樹々の中に点在している構造物の配置は、一見ランダムだが、あるルールにもとづいている。それはどのようなものか。

問2　各構造物にはそれぞれ立面図と寓話的な文章が用意されている。図1の構造物に対応するリストの一部を図2に示した（文章の内容は意訳したものである）。この三つの項目は図1のどの構造物と対応しているかを、形状や位置関係を手がかりに明らかにせよ。

犠牲者たち

設計者：ジョン・ヘイダック
所在地：ドイツ、ベルリン
発表年：1984年

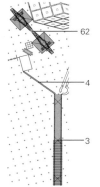

[出典："AA Files", Architectural Association, No. 13（1986）p. 75]

図3　計画案

図4　解説図

もとは設計競技の計画案で、後に同名の書物として発表された。1970年代末から実践してきた「仮面劇」の方法論を採用し、複数の構造物それぞれに図面・スケッチ・寓話的な設定文が用意された。本作では建築が人格をもつ存在として記述され、ホロコーストの悲劇が隠喩的な語りを通じて紡ぎ出されていく。

1　隣接する構造物の少なくとも一方の角が、もう一方に対して接するような配置となっている

遊具や迷路、車輪付きの小屋、過去作を自己参照したものなど、計67の構造物が展開している（図3）。これらを点で固定させたことで、全体が弱いつながりによって形成されている印象を与えている。各々が自律しつつも即興的に関係を取り結んでいく様は星座の布置にも似ている。

2　図4のとおり

立面図と配置図を照応し、3番と4番の関係を踏まえれば答えに辿りつける。ところで文書にある「金属の花」や「ゴンドラの数字」などが図面では表現されていないのは何故だろうか。図像と言葉の対応関係を咀嚼する手間を読者に課しているかのような手つきであり、こうしたある種のわかりにくさは本作の随所に見受けられるものだ。犠牲者らの記憶に触れることの本質的な困難性を、作者はなるべくそのままの形で提示したかったのかもしれない。

62　螺旋渦巻く曼荼羅図の謎

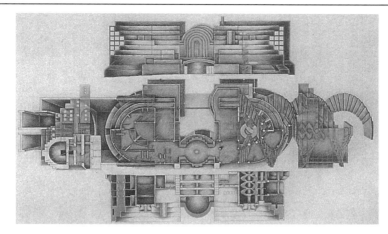

図1　ドローイング

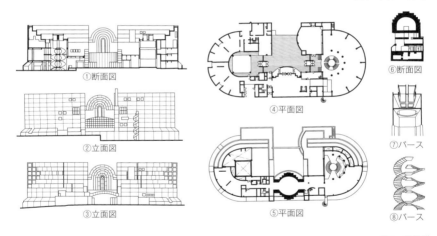

図2　図面群

問1　図1は日本のポストモダン建築を牽引した建築家による博物館のドローイングである。作者が「曼荼羅図」とよんだこの図は、平面図・立面図・断面図・パースをコラージュしてつくられている。図2の図面群から、曼荼羅図の素材として用いられているものをすべて選べ。

問2　内部空間のハイライトの一つに二重螺旋の階段がある。図1において、鉛直方向に伸びていく二重螺旋が表現された箇所はいくつあるか。

釧路市立博物館

設計者：毛綱毅曠
所在地：北海道釧路市
竣工年：1984年

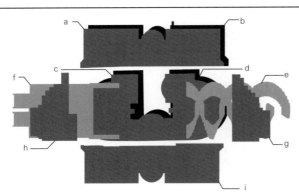

a：西立面図（③）
b：東立面図（②）
c：4階平面図（⑤）
d：1階平面図（④）
e：螺旋階段パース（⑧）
f：吹抜けパース（⑦）
g：北立面図
h：断面図（短手方向, ⑥）
i：断面図（長手方向）

図3　解説図

　釧路市内のいくつかの公共建築は同市出身の建築家・毛綱毅曠が手がけており、本作もその一つである。エンブレムのような形の中央部から左右に翼を広げるように、構造物が段状に連なっている。その外形は風水的に縁起が良いとされる金の鳥が卵を抱く姿を模したもので、南側に収蔵庫、北側に展示室を収めている。建築家の思想が色濃く反映された本作は、当時の市長の理解と後押しがあってこそ実現したものだ。

　本項で扱う「曼荼羅図」は1986年の建築展にあわせて出版された毛綱の作品集に収録されている。鮮やかな色彩と半透明表現を用いた同様のコラージュ手法は「釧路湿原美術館」や「反住器」などの他作のプレゼンテーションでも用いられた。

1　すべてコラージュされている

　曼荼羅図内の図面一覧を図4に示した。探し当てるのが少し難しいのが中央の1階平面図と上部の東立面図だ。それぞれ4階平面図と西立面図の下に少しだけ位置をずらして配置されている。このずれは答2で述べる二重螺旋の形象に深くかかわっている。また図2の二つのスケッチパース（⑦、⑧）は、平面両翼の吹抜け部分の空間をそれぞれ描いたものであり、曼荼羅図でもその対称性が意識されている。

2　3か所

　3層分の展示室を結ぶ二重螺旋階段は本作の中でひときわ目を惹く存

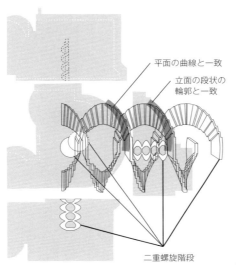

図4 解説図

在で、毛綱はこれを「過去、現在、未来そして地下界、地上界、天上界の時間をつなぐ巡礼路」あるいは「人類の遺伝子、DNAと共鳴する装置」であると述べている。そのコンセプトは、郷土資料を収蔵・展示する本作のプログラムにちなむものであると同時に毛綱個人の建築観を示すものでもあり、螺旋へのこだわりは曼荼羅図からも読み取れる。螺旋の形が明確に表れているのは、下部の断面図、右側の立面図上に重ねて表示された断面図、右側のスケッチパースの計3か所である。なお、中央の1階および4階平面図にそれぞれ置かれたサークルも、螺旋の配置を示している。そのほかにモチーフ的に共鳴する部分として、上部の立面図に薄く描かれた螺旋の外階段と、平面図右側の曲線が挙げられる。特に後者の曲線は、二重螺旋のパースの輪郭と一致している点で注目に値する（図4）。この一致は偶然ではなく、パースの螺旋階段の始点を4階平面図の階段の位置とそろえて置いたことと、答1で述べたずれの処理があって初めて成立したものである。一見奔放な表現にみえるが、イメージの連関を意図して各要素を配置している点で、この曼荼羅図は建築への意志にもとづいて構成された表現物だといえる。

[図1：毛綱毅曠、記憶の建築：The architecture of memory、PARCO出版局（1986）p. 4]

空間の概念／新しい空間

歴史をひもとくと、建築の空間は変化を続け、新しい構造や技術によって進化してきた。本章では20世紀以降に登場した前衛的なデザインの事例を紹介する。西洋においては石や煉瓦を積む組積造から鉄筋コンクリート造や鉄骨造による柱梁構造に移行し、またコンピュータを活用した複雑な構造解析によって設計の自由度が飛躍的に向上した。そして建築家が未体験の空間を創造したり、批評家が図面から独特の空間の概念を解析している。

63 住宅の構成を示唆する仮想のレイヤーを読み解け

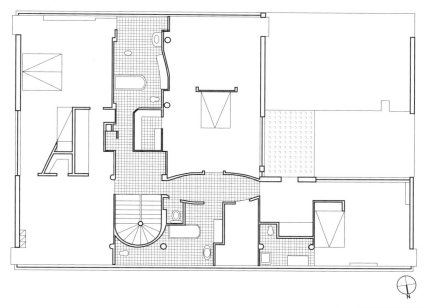

図1 3階平面図 1/200

問1 図面は裕福な施主のために建てられた週末住宅である。建築批評家のコーリン・ロウらは、北側の正面から南側の奥に向かって、建物を透かし見たときに、図の東西方向の断面方向に重なり合ういくつもの仮想のレイヤー（垂直面の層）が存在することを指摘し、空間の構成を分析した。図中から、そのレイヤーの位置を指摘せよ。

スタイン邸

設計者：ル・コルビュジエ
所在地：フランス、パリ近郊
竣工年：1927 年

図2　3 階平面図 1/500

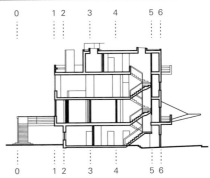

図3　断面図 1/500

パリ郊外の敷地の名前からヴィラ・ガルシュともよばれる。「近代建築の五原則」が部分的に表現され、サヴォア邸へと至る過渡期の作品でもある。1930 年に作成された映像作品『今日の建築』では、自動車で玄関に乗りつけるシーンなどに登場し、近代建築のプロモーションにも役立てられた。

1　図 2,3 参照

ロウらは本作の空間構成について、上図のように複数の垂直面が層状に重なり合ったものとして記述可能であることを論証した。彼らによれば本作にはガラスによる文字どおりの透明性とは異なる「虚の透明性」が見出せるという。それは、キュビスム絵画を参照した理論で、レイヤーの重なりによって背後の空間と奥行きを事後的に知覚できる現象を指す。

また、論文「理想的ヴィラの数学」中でも、図 2 の南北方向の平面が 2：1：2 で繰り返されることからパラーディオのヴィラ・マルテコンタとの類似を指摘する。ただし、ヴィラ・マルテコンタが構造壁により十字型に強く分割されているのに対し、スタイン邸は柱（点）による構造のために空間の分節が曖昧であることも主張している。

空間の分節の方法が壁から空間へと移行したことは、SANAA などにみられる半透明な空間の多様性へと通じているともいえる。

住宅の構成を示唆する仮想のレイヤーを読み解け

[図 1-3：© FLC/ ADAGP, Paris & JASPAR, Tokyo, 2016 C1050]

64 それぞれの部屋の床の高さを計算せよ

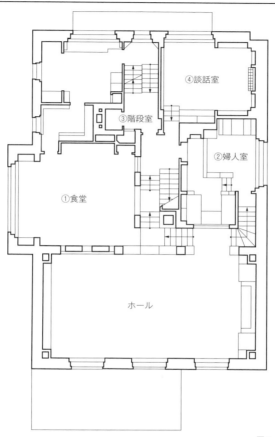

図1　3階平面図 1/200

問1　図面は住宅の平面図であるが、多くの階段が描かれている。ホールの高さを基準とすると①から④までのフロアレベルは、ホールと何mmの違いがあるか答えよ。ただし、階段の高さを1段あたり170mmとし、部屋間にある線は段差として1段であることに注意すること。

ミュラー邸

設計者：アドルフ・ロース
所在地：チェコスロバキア、プラハ
竣工年：1931年

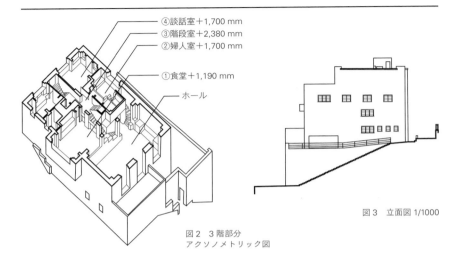

図2　3階部分
アクソノメトリック図

図3　立面図 1/1000

　チェコのプラハ郊外にある小高い斜面の上に建設された個人住宅である。1920年代に建設されたパリのトリスタン・ツァラ邸、ウィーンのモラー邸に続く作品で、ロースの最高傑作とされている。

1　①＋1,190 mm　②＋1,700 mm
　　③＋2,380 mm　④＋1,700 mm

　室に必要な容積から、3次元的に部屋同士を連結していく設計の手法である「ラウムプラン」が適用されている。部屋の高さは機能により変化するため、床のスラブはランダムに配置されているようにみえるが緻密な空間のつながりが生まれている。食堂などのパブリックスペースとプライベートスペースでは、広がりや光の採り方など、空間の質がダイナミックに切り替わる。改修の仕事が多かったロースが、住宅の箱の中に部屋をいかに効率的に詰め込むかという問題意識から生み出した手法である。

　細やかな空間の分節とは反対に、白の漆喰塗りの木訥とした外観は、同時代のル・コルビュジエのような機能主義的な様相を呈している。

　「装飾は犯罪である」と述べたロースだが、大理石など高価な材の使用と次々と展開する空間の連続性によって、内部空間に装飾以上の豊かさを創出しているといえる。

それぞれの部屋の床の高さを計算せよ

65　壁の位置はどこか？

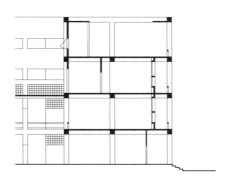

図1　断面図 1/400

図2　立面図 1/400

問1　図1はある建築の断面図である。図2の立面図を参考に、各階の外壁面、およびガラス面が断面図上のどこにあるか、その位置を示せ。

カサ・デル・ファッショ

設計者：ジュゼッペ・テラーニ
所在地：イタリア、コモ
竣工年：1936 年

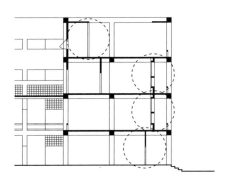

図3　解説図

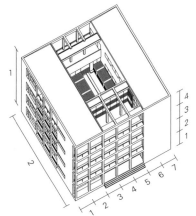

図4　アクソノメトリック図

北イタリアのコモ湖畔に建設されたファシスト党地方支部の事務所である。中央部に吹抜けをもつ一辺33.2 m の正方形平面に対し、高さはその半分の 16.6 m、すなわち立面には縦横比 2：1 の比率が与えられている。全体が幾何学と数的比例によって秩序づけられたイタリア合理主義を代表する建築である。

1　図3の点線で囲われた位置

近代建築は鉄筋コンクリートラーメン構造の採用によって壁面を構造体である柱から自立させて離して配置することが可能となった。カサ・デル・ファッショも柱梁によるフレームからずらして壁面を配置する

ことで、立面に空間の層が生まれている（図3）。こうしてフレームを通して奥に壁面やガラス面、あるいは空が見えることで、建物の重量感が消え、奥行きや透明感が生まれている。一方で、立面には縦横比 2：1 の比率に加え、グリッドのフレームによってさらに 4：7 という異なる比率が与えられているが（図4）、すべての立面においてその対称性が崩されている。また、1 階は基壇の上に乗りピロティではなく、水平連続窓もなければ、立面は構造の枠組みから自由でもない。カサ・デル・ファッショは古典主義建築と近代建築を参照しながらも、そのどちらとも距離がとられており、それがこの建築を多義的な存在たらしめている。

66 屋内初の公開空地になっているのはどこか？

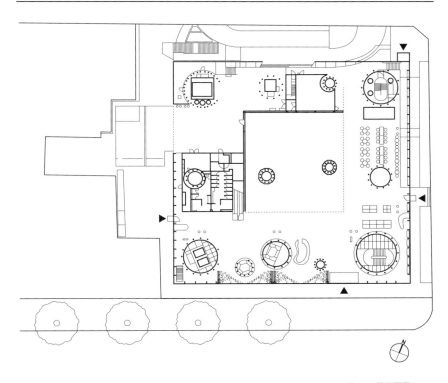

図1　1階平面図 1/800

問1　宮城県仙台市にある公共施設の1階平面図である。7階建ての建物には、2階にライブラリー、3,4階に図書館、5,6階にギャラリー、7階にシアターを含むスタジオなど、さまざまな機能が設けられている。1階は市民のための広場として用いられ、公開空地が適用されているが、その範囲と公開空地を適用するために行なった計画を平面図から読み解き答えよ。

せんだいメディアテーク

設計者：伊東豊雄
所在地：宮城県仙台市
竣工年：2000年

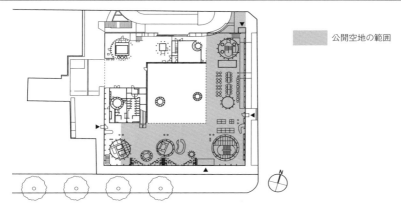

図2　1階平面図

1995年のコンペにおいて選出された文化複合施設である。審査委員長の磯崎新によって、多様なメディアを受容する「棚、いれもの」という意味で「メディアテーク」と名づけられた。「プレート」「チューブ」「スキン」という三つの要素からなるこの建築は、各フロアがワンルーム空間として設計され、家具の配置によって機能が確定される特徴をもつ。

1　図2参照。視覚的な透明性の確保と、可動式の大開口部の設置

設計段階での市民ワークショップを通して要求されたヴォリュームの増加に対応するために、総合計画制度の適用が考慮された。「敷地内に日常一般に開放された空地」を公開空地とよぶが、建物内に実現されるのは珍しい。人々が立ち寄りやすくするために、街路とはガラスによって視覚的に、ときには大型の可動式開口部によって物理的に、街路との一体感を生み出した。また、東側は貫通通路を公開空地として使用されるように計画されているほか、一般の公共施設よりも長い開館時間という運営面での計画も含めて、屋内に認められた初の事例となっている。公開空地として認められた1階の空間は、「チューブ」という樹木のもとに集う公園のように普段から市民にあふれている。

67　構造体の違いはどこにあるか？

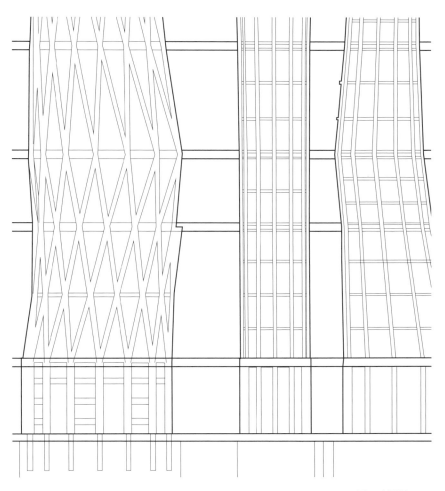

図1　軸組図 1/200

問1　これは前項と同じ建築の軸組図の一部分であり、断面方向の構造の成り立ちを示している。よくみると、構造体は2種類あることがわかる。その違いを答えよ。

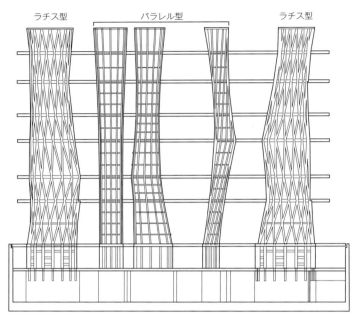

図2　軸組図 1/800

1　ラチス型とパラレル型の2種類。前者だけが水平力を受けもつ

　コーナーに置かれた4本のチューブ（図2の両端、前項図1の四隅）は、中央に配置されたチューブに比べ太く設計されている。水平剛性はチューブが太いものほど高くなるので、この四つが耐震性を担保している。これらにジグザグ状の単層ラチス構造を用いることによって、構造的に高い強度と剛性を実現させている。またこれらのチューブの地下1階部分はラーメン構造とし、曲げ力でエネルギーを抵抗する靭性型をとり「免震的構造」となっている。対して、それ以外の9本は制作時の難易度と経済性を考慮し、鋼管がパラレルに配置された構成とし、主に鉛直荷重を支持するという役割の違いがある。

　また、チューブのもつ機能はそれぞれ異なる。人や物を運ぶエレベーターや階段、設備類の配置、換気、採光など、さまざまな機能を内包し、それぞれのチューブが振り分けられた役割を担当する。近代建築では柱の必要性は構造的な要求のみであったが、この建築において柱（チューブ）は移動する物の「媒体」へと展開し、建築の新しいステージを提示したといえるだろう。

68　なぜ床が起伏しているのか？

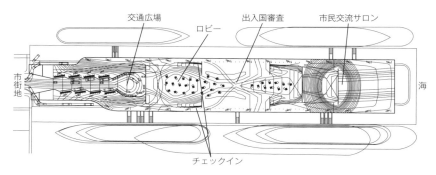

図1　平面図

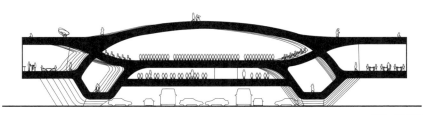

図2　断面図

問1　図面は国際フェリーターミナルの平面図と断面図である。一般的な建築の平面図でみられる、壁や柱といったものがほとんど存在せず、床の複雑な起伏を表現した等高線が無数に描かれていて、すべての空間が連続しているのが大きな特徴である。この特徴が、フェリーターミナルとしての機能の中で果たす役割を挙げよ。

横浜港大さん橋国際客船ターミナル

設計者：Foreign Office Architects
所在地：神奈川県横浜市
竣工年：2002年

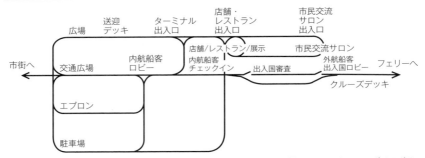

図3　ノーリターン・ダイアグラム

横浜大さん橋は、1995年の国際コンペで、Foreign Office Architects（FOA）の案が選ばれ実現した。当時は、デジタル技術が一般に普及し始めた時期であり、建築でもコンピュータ上での3次元モデリング技術が取り入れ始められようとしていた。横浜大さん橋は、そのような技術によって複雑な形状の設計がされた初期例である。1990年代はグローバリズムが加速した時代でもあった。ベルリンの壁崩壊やEUの発足は、政治的な境界の消失を象徴する出来事であり、あらゆる境界が消失し、流動的につながるという世界像が形成された。このような世界像が、境界のない流動的な空間のデザインに影響を与えているといえる。

1　フェリーターミナルを利用する人々の流れと建築が一体化するようにした

ここから船に乗って海外旅行する人が建築の中でたどる流れを思い浮かべてみよう。まずタクシーに乗って市街地からターミナルへアクセスし、ロータリーで降りて、そこからチェックイン、出国審査、乗船といった一連の流れが建築内部で展開される。ほかにも建築の中でのさまざまな流れが想定できるだろう。FOAがコンペで提出した「ノーリターン・ダイアグラム」は、建築内における人々の流れをまとめたものである。機能ごとに壁で空間を仕切るのではなく、サーフェス（布のような薄い面）を起伏させることによって、このダイアグラムのように、人々の流れを遮ることなく、機能が移り変わるような空間が生み出されている。

なぜ床が起伏しているのか？

69　ポコポコしたヴォリュームをいかに利用するか？

図1　AA'断面図 1/450

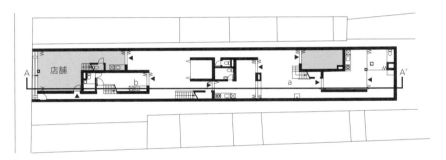

図2　1階平面図 1/450

問1　図1,2は高温多湿な東南アジアにおける共同住宅の断面図と1階平面図である。間口6.25m、奥行42.8mの細長いプランとなっているのは、住宅密集地に建つことを想定して設計されたためである。図2の平面図内には、グレーで示した部分以外にいくつの住戸が収められているか。エントランスの表記を手がかりに答えよ。

問2　図2の長辺側の外壁に窓がまったく設けられていないのは、近隣に対するプライバシーを考慮したためである。本作では、東南アジア特有の高温多湿な気候のもとで快適に暮らすための仕掛けとして、1階の側面以外のある箇所から外気を取り入れている。図2のaとbの空間では、それぞれどこから採光・通風を得ているか。図1の断面図と照らし合わせながら考えよ。

スペースブロック
ハノイモデル

設計者：小嶋一浩＋東京理科大学小嶋研究室
＋東京大学生産技術研究所曲渕研究室
所在地：ベトナム、ハノイ
竣工年：2003年

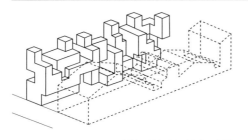

図3　アクソノメトリック図

図4　解説図

大学敷地内に建つ実験住宅で、当初は旧市街地での建設が予定されていた。複数の階段や中庭など、周辺の家屋にみられる要素を導入し、地域の固有性に応答した。

平面・断面ともに、住戸と中庭がキューブ状のパズルのように構築されている。両者の容積を半分ずつ分配するため、ここでは「スペースブロック」とよばれる立方体のモジュールが用いられた。さらにコンピュータによる卓越風の解析を踏まえてブロックの大きさを調整することで、最終的に複雑な多孔質の形態が完成した（図3）。

1　3戸

住人は6家族30人が想定され、そのうち1階には4世帯分の住戸が設けられた。住戸以外の部分は共用の中庭となっている。小嶋一浩はそれまでの実作において、機能と厳密に対応した「黒の空間」とそれ以外のニュートラルな「白の空間」という二つの空間概念からなる設計を行なってきたが、本作の住戸と中庭の関係はその発展型といえる。

2　a：吹抜けの上部、b：ハイサイドライト

図4で示したとおり、中庭aの上部は天井をもたず開放されており、階段を上った先にあるテラスとともに風の抜け道を形成している。また、住戸部分のbの上部には高窓が設けられ、階段室を兼ねた中庭から換気が行なわれている。このように、本作では外気の当たる中庭を多く設けることで、高温多湿な環境に則した生活空間を実現したのである。

ポコポコしたヴォリュームをいかに利用するか？

70　概念図の意味は？

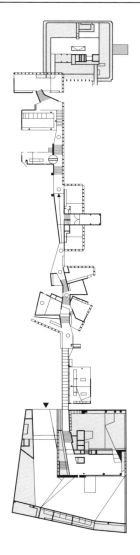

図1　概念図

問1　図面は立方体の外形をもつ建築のコンセプトを表現した特殊な概念図である。下の正方形は地上階の平面図を、上の正方形は屋上階の平面図を示している。部屋のつながりに注目しながら、空間構成の特徴を答えよ。

在ベルリン・オランダ大使館

設計者：レム・コールハース（OMA）
所在地：ドイツ、ベルリン
竣工年：2003年

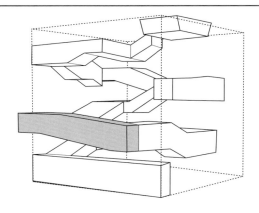

図2　見取図

　東ベルリンの中心部、アレクサンダー広場近くに建つオランダ大使館のオフィス棟である。一辺約27mの立方体の内側はスキップフロアになっており、4,800 m² の執務空間で占められている。

1　立方体の中を駆けめぐる、地上と屋上をつなぐ動線空間をつくること

　地上階の正方形と屋上階の正方形の間は、階段やスロープ、廊下や小さなフロアの断片によって結びつけられている。つまり、地上と屋上は立体的な動線空間を介して連続しているのである。これが本作のコンセプトにほかならない。概念図は、実際には立方体の中に折りたたまれた動線空間を展開して表現しており、中間階における動線空間以外の部分、つまり執務空間は省略されている。

　図書館・会議室・ジム・食堂などの多様なプログラムを結びつけながら上昇するこの連続動線のことを、コールハースはトラジェクトリー（軌道）とよんでいる。同様のアイデアは、ジュシュー大学図書館コンペ案（1992年）などのプロジェクトですでに試みられていた。主著『錯乱のニューヨーク』（1978年）において、コールハースはエレベーターの発明が建築内部に「階同士の断絶をもたらした」と指摘し、その状態を「垂直分裂」と名づけたが、トラジェクトリーはこの分裂を乗り越える手法といえる。

71 連続的な動線空間の特徴は何か？

図1　断面詳細図

問1　図面は前項と同じ建築の断面詳細図である。前問で解説した連続的な動線空間「トラジェクトリー」の部分を把握し、その他の空間と比較して、外壁の違いを指摘せよ。なお、図中の斜め線はガラス面を表現している。

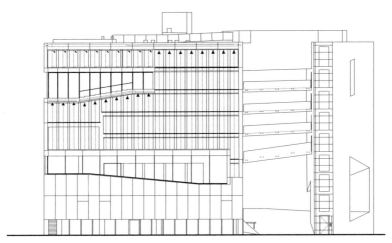

図2 立面図

1 トラジェクトリーの外壁は一重だが、その他の部分は二重である

　階段のある空間がトラジェクトリーの一部である。トラジェクトリーの外壁のガラス面は一重だが、その他の部分では二重になっている。後者はダブルスキンとよばれる建築手法であり、2枚のガラス面の狭間が緩衝空間となって窓際の温熱環境が向上する。ベルリンのような寒冷地のオフィスで一般的に用いられる省エネ技術である。

　トラジェクトリーだけがシングルスキンである理由は、それ自体が建物全体の空調ダクトとして機能しているからである。外部から流入する空気はトラジェクトリーを通ってオフィス全体へと行き渡り、ダブルスキンのファサードを通じて排出される。

　ガラスが一重のトラジェクトリーはほかの部分と比べて透明度が高いので、外観からも際だって見える。これは一般的な部分を凡庸にして特別な部分を際立たせるというコールハースの常套手段であり、1980年代に編み出された「ヴォイドの戦略」とよばれる設計手法と関係している。「ヴォイドの戦略」とは、均質に積層された床スラブの集合体から自由な形態の空洞（ヴォイド）をくり抜く手法であり、オランダ大使館では立方体からトラジェクトリーがくり抜かれ、残余が執務空間となっているのである。トラジェクトリーとヴォイドの戦略という二つの建築手法を合体し、そこに設備をも統合したオランダ大使館は、コールハースの一つの到達点である。

72　なぜつながっているのか？

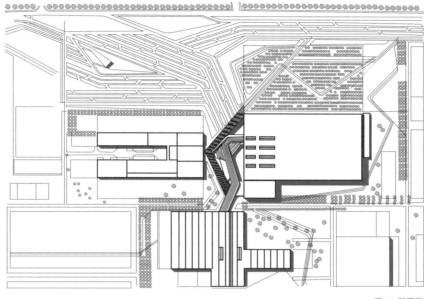

図1　配置図

問1　図面は自動車工場の中の三つの建物の間に建てられたオフィスビルの配置図であるが、周囲の三つの建物をつなぐような形状になっている。その理由を考えよ。

BMW ライプツィヒ工場
セントラル・ビルディング

設計者：ザハ・ハディド
所在地：ドイツ、ライプツィヒ
竣工年：2005年

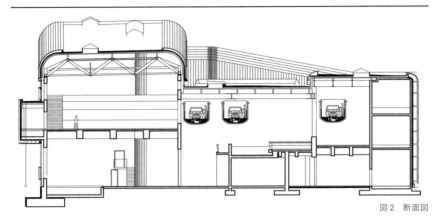

図2　断面図

　ドイツの自動車メーカーであるBMWの工場内の、車体加工、塗装、組立という三つの別々の工程のための建物3棟の間につくられたオフィスビルである。オフィス空間内に既存の3棟の工程の間を部品が行き来するラインが設けられており、オフィスという工場の製造工程とは普段触れ合うことのない機能が交わるような構成が特徴である。

1　オフィスの機能に加え、自動車製造ラインの三つの工程をつなげる役割をもっている

　三つの建物は、車体加工、塗装、組立という三つの別々の工程のための工場である。断面図からはこれらの別々の製造工程の間をつなぎ、自動車の部品を運ぶコンベアが、オフィス内部を横断していることがわかる。これにより、オフィスで働く人々にも、自動車が製造されるプロセスが見える。

　ザハはこの建築を「敷地を通過するさまざまな動きをまとめあげる」ものと捉えている。つまり、敷地の中のさまざまなものの流れのネットワークが物質化したものとして建築を構想している。このネットワークはランドスケープとしても表れ、建築と一体化している。ザハの建築は場所から独立した彫刻的なものとみられがちであるが、このように場所がもつ固有のネットワークと一体化したものであるといえるだろう。

[図1,2：© Zaha Hadid Architects]

73　斜めやカーブに込められた思想とは何か？

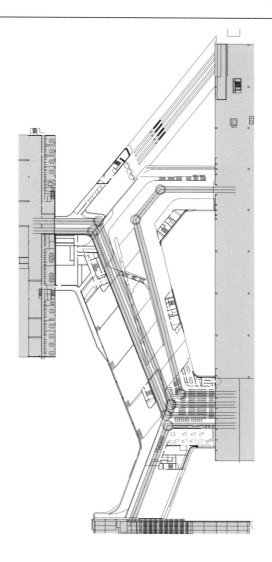

図1　2階平面図

問1　この図面は前項と同じ建築の2階平面図である。多くの壁は直角ではなく、斜めに交わっており、またその角は丸められている。これによって生み出される効果を挙げよ。

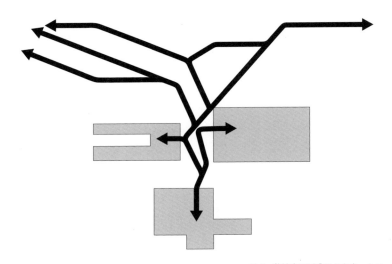

図2　敷地内に形成されたネットワーク

1　空間に流動性やダイナミズムを生み出す

　先述したネットワークをつくる「流れ」とは具体的に何だろうか。社員やコンベアで運ばれる自動車部品といった、実際の人や物の動きだけではなく、既存の建物の形状や配置、地面の傾斜、さらには周辺の交通網といったものもネットワークを構成する「流れ」として考えられている。

　このようなネットワークを物質化するうえで重要なのは、空間の流動性である。つまり、さまざまな種類・方向の流れを遮ることなく滑らかに制御し、まとめあげることである。このためにザハの建築は、流れの方向性を表現するべく壁を斜めにし、角を丸めて曲線にしているのである。

　BMWライプツィヒ工場での曲線は単純な円弧によって構成されているものが多い。そして、この後デジタル・テクノロジーの発展によって「NURBS」など、新しい曲線の制御方法が可能になり、それを実際に施工するための技術も発達したことで、ザハのデザインにおける曲線や曲面はより複雑なものになった。

　なお、ザハ事務所のディレクターであるパトリック・シューマッハは、このようにネットワークをデジタル・テクノロジーの駆使によって流動的な建築形態として設計する思想を「パラメトリシズム」と命名し、理論化している。

[図1：© Zaha Hadid Architects]

斜めやカーブに込められた思想とは何か？

74　壁のカーブにはどんな意味があるか？

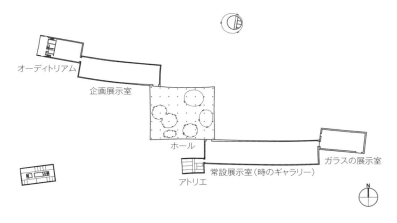

図1　平面図 1/4000

問1　図面はある美術館の平面図である。二つの主要な展示空間［企画展示室と常設展示室（時のギャラリー）］の長辺は、それぞれ約何mあるか。縮尺を手がかりに答えよ。

問2　この壁の表面は外側も内側も鏡面性をもつアルミ仕上げであり、また、全体はわずかにカーブしている。建築の周囲は自然が多く残る低層の住宅地である。このことによって、建築の外と内で、どのような効果が考えられるか。

ルーヴル・ランス

設計者：SANAA
所在地：フランス、ランス
竣工年：2012 年

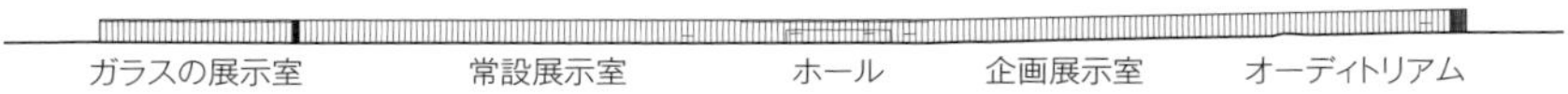

ガラスの展示室　　常設展示室　　ホール　　企画展示室　　オーディトリアム

図2　立面図

常設展示室　　ガラスの展示室

図3　断面図

　フランスの地方都市ランスに建つ、ルーヴル美術館の別館である。中央のエントランスホールに、二つの大きな展示室が接続され、「時のギャラリー」というテーマの常設展示室では、長大なワンルームの中に作品が時系列に独立しておかれ、鑑賞者は、その中を自由に歩きながら作品を鑑賞する。

　ランスは、かつて炭鉱として栄えた街で、この敷地にも引込線や採掘の穴の跡が残っていた。この建築はその痕跡のカーブや、敷地のわずかな傾斜に添うように建てられている。

1　常設展示室は約 122 m
　　企画展示室は約 88 m
2　映りこむ風景を歪ませ、おおらかさを与える

　建築の規模がとても大きく、また、微妙なカーブであるため、内外問わず、実際にそこに立ってもカーブに気付くことは難しい。

　しかし、外壁では、そのわずかなカーブによって、周囲の風景はゆるやかにゆがんだ姿で映りこむ。また、内部は長い長方形の、装飾のない床と壁に囲まれた抽象的な空間で、わずかなカーブにより直線的な壁にはないおおらかさが与えられている。

　一見すると直線や平面で構成されているようにみえる建築だが、実際には、このように、長い外形は非常にゆるやかな曲線をなぞり、炭鉱の時代の引込線のカーブにも呼応する。そのあり方は、たとえばバロック的な都市の直交する軸線に対応した直線的なバルセロナ・パヴィリオンとは対照的で、抽象的な建築形態を表しながらも、同時に、不整形な土地の歴史とともに存在しうる姿を示している。

壁のカーブにはどんな意味があるか？

75　奇抜にみえるが、実は合理的？

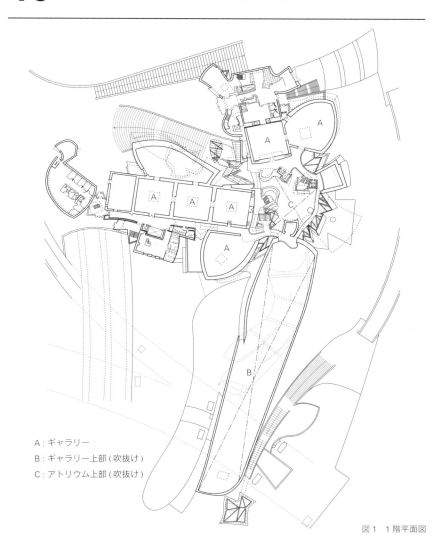

A：ギャラリー
B：ギャラリー上部(吹抜け)
C：アトリウム上部(吹抜け)

図1　1階平面図

問1　図面は形態が非常に特徴的なある美術館の平面図である。この建物は空間構成的にもきわめて合理的にできている。アトリウムとギャラリーの関係に注目し、その特徴を二つ以上答えよ。

ビルバオ・グッゲンハイム美術館

設計者：フランク・ゲーリー
所在地：スペイン、ビルバオ
竣工年：1997年

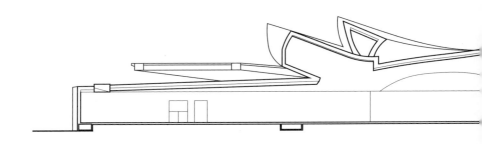

ビルバオというヨーロッパの地方都に建てられた美術館である。その特徴的な外観や、四方八方に流れる自由奔放な内部空間は、建築関係者だけでなく一般の人々をも惹きつけ、ビルバオはこの美術館を起爆剤に一夜にして観光地となった。その形態からアイコン建築とも称されるが、実は空間構成的にもきわめて合理的にできている。

空間構成は単純である。まず、中央に大きな吹抜けをもったエントランスホールを置く。次に、2層以上はその周縁部にバルコニー状の動線を置く。さらに、その周囲にさまざまな形の展示室（および諸室）を並べる。これらによって一般的な四角い美術館と比べ、本作には以下の特徴がある。

1　①動線が短くわかりやすい
　　②鑑賞者が好きな順序で展示室を見ることができる
　　③多種多様な展示室がある

平面図を見ればわかるように、すべての展示室は中央の吹抜けに面しているので、どの展示室を出た後も常にこの吹抜け空間に戻ってくることになり、迷うことなく次の展示室に行くことができる。また、動線が1か所に集中しているので、廊下のような移動のための空間がない。

さらに、横動線だけでなくエレベーターや階段などの縦動線もこの吹抜け空間に集中しているので、上

奇抜にみえるが、実は合理的？

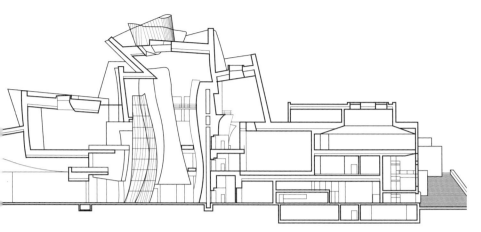

図2　断面図

下階も含め、どの展示室から鑑賞し始めても余計に歩き回ることなく、美術館全体を見て回ることができるので、訪れた人はそれぞれ好きな順序で展示を見ることができる。

　また、通常の建物は、ある一つの空間全体があり、その中を切り分けるようにして各部屋がつくられるため、隣合う部屋によって形態や大きさはどうしても拘束されてしまう。しかし、本作の構成ならば、それぞれの展示室は中央の吹抜けにさえ面していれば、どのような形の部屋でもつくることができるので、さまざまな種類の展示室をつくることができる。実際、ここには長くうねうねと延びた巨大な展示室だけでなく、四角い一般的なものも含め、大きさも形状も違う多種多様の展示室がある。そして、特に断面を見ればわかるように、外観を特徴づけているうねうねとした形状は、展示室や吹抜の形がそのまま外観に表れた結果であり、表面的に取り繕われたものでも、外見と中身に大きな違いがあるものでもなく、その意味ではこの建築はハリボテではない。

　一方で、巨大な尻尾のようなタワーだけは別格で、まったく中身のないハリボテであり（正確には外部階段）、そのことを隠してもいないため、二重三重に意味を読み込むことができる複雑で自由な建物にもなっている。

［図1,2：© FMGB Guggenheim Bilbao Museoa, place and year of reproduction］

事 例 索 引

英数字
BMW ライプツィヒ工場セントラル・ビルディング　165,167
NBF 大崎ビル　115

あ 行
青森県立美術館　85
イェール大学建築芸術学部棟　137
イル・レデントーレ聖堂　65
ヴィラ・プランチャート　49
ヴェネチア・ビエンナーレ日本館　135
岡山の住宅　27

か 行
ガエ・ハウス　29
カサ・デル・ファッショ　151
桂離宮　71
神奈川県立近代美術館 鎌倉　39,41
神奈川工科大学 KAIT 工房　61
金沢 21 世紀美術館　55
菅野ボックス　101
犠牲者たち　141
キャップ・フェレのD邸　83
キンベル美術館　79
釧路市立博物館　143
グッゲンハイム美術館　75
熊本県立美術館　53
倉敷アイビースクエア　123
公営住宅標準設計 51C 型　15
国立代々木競技場　95,97
子供の家　45

さ 行
在ベルリン・オランダ大使館　161,163
サヴォア邸　1
サン・カタルド墓地　139
サン・カルロ・アッレ・クワトロ・フォンターネ聖堂　67,69
シャルトル大聖堂　119
如庵　35
情緒障害児短期治療施設　59
白の家　19
スカイハウス　17

	スタイン邸　147	
	スペースブロックハノイモデル　159	
	セインズベリー視覚芸術センター　105	
	「ゼンカイ」ハウス　127	
	せんだいメディアテーク　153,155	
	セント・ポール大聖堂　89	
た　行	当麻寺曼荼羅堂　131	
	聴竹居　93	
	塔の家　21	
	東光園　99	
	トンネル住居　23	
な　行	名護市庁舎　109,111	
	日本橋の家　25	
	能代の住宅　31	
は　行	浜松サーラ　129	
	平等院鳳凰堂　63	
	ビルバオ・グッゲンハイム美術館　171	
	広島市環境局中工場　57	
	ファウノの家　33	
	ファンズワース邸　11,13	
	富士見カントリー・クラブハウス　51	
	ベルリン・フィルハーモニー　77	
	法隆寺大講堂　117	
	ポンピドゥー・センター　103	
ま　行	マイレア邸　9	
	ミュラー邸　149	
や　行	薬師寺東塔　87	
	横浜港大さん橋国際客船ターミナル　157	
ら　行	落水荘　5,7	
	ラ・トゥーレット修道院　43	
	ルーヴル・ランス　169	
	六甲枝垂れ　113	

事例索引

執筆者一覧

編　集
五十嵐太郎（東北大学大学院工学研究科 教授）
15,27,38,55
菊地尊也（東北大学大学院博士後期課程）
1,2,3,4,5,6,7,12,13,20,22,24,26,34,36,41,44,45,48,49,50,51,56,58,59,61,62,69

執筆者
浅子佳英（タカバンスタジオ）75
井上宗則（東北大学大学院工学研究科 助教）21
岩元真明（九州大学大学院芸術工学研究院 助教）70,71
小見山陽介（前橋工科大学 非常勤講師）46,47
菅野裕子（横浜国立大学大学院都市イノベーション研究院 特別研究教員）11,18,19,31,32,74
土岐文乃（東北大学大学院工学研究科 助教）14
野村俊一（東北大学大学院工学研究科 准教授）17,29,33,39,52,57
飛ヶ谷潤一郎（東北大学大学院工学研究科 准教授）16,30,40,53
平野利樹（東京大学大学院博士課程）68,72,73
星裕之（STUDIO POH）p. viii–xiii
本橋仁（早稲田大学理工学術院建築学科 助手）54

[東北大学五十嵐太郎研究室]
椚座基道（東北大学大学院博士後期課程）8,35,63,64,66,67
吉川彰布（東北大学大学院博士後期課程）55
及川建太（東北大学大学院博士前期課程）27,38
川崎光克（東京大学大学院博士前期課程）10
菊池聡太朗（東北大学大学院博士前期課程）25,28
本間脩平（東北大学大学院博士前期課程）42,43,60,65
前田冴（東北大学大学院博士前期課程）49
三浦麻衣（東北大学大学院博士前期課程）20,37
山守諒（東北大学大学院博士前期課程）23
吉川尚哉（東北大学大学院博士前期課程）9

図版制作協力者
伊庭雄作、木下順平、高野、佐々木瞭、白鳥大樹、田中良平、千葉大、藤間優実、松川その美、吉田宗一郎（東北大学五十嵐太郎研究室）

[敬称略]

図面でひもとく名建築

平成28年6月30日　発　行
令和3年8月30日　第5刷発行

編著者　五十嵐太郎
　　　　菊地尊也
　　　　東北大学五十嵐太郎研究室

発行者　池田和博

発行所　丸善出版株式会社
〒101-0051 東京都千代田区神田神保町二丁目17番
編集：電話(03)3512-3266／FAX(03)3512-3272
営業：電話(03)3512-3256／FAX(03)3512-3270
https://www.maruzen-publishing.co.jp

© Taro Igarashi, Tatsuya Kikuchi, Taro Igarashi Laboratory, 2016

装画・野口理沙子，一瀬健人／装丁・遠藤勇人
組版印刷・製本／三美印刷株式会社

ISBN 978-4-621-30042-8 C 3052　　　　Printed in Japan

JCOPY〈(一社)出版者著作権管理機構　委託出版物〉
本書の無断複写は著作権法上での例外を除き禁じられています．複写される場合は，そのつど事前に，(一社)出版者著作権管理機構(電話03-5244-5088, FAX 03-5244-5089, e-mail：info@jcopy.or.jp)の許諾を得てください．